公認会計士試験

論文式試験対策　　　新トレーニングシリーズ

財務会計論
計算編4　　構造論点・CF編

—— TAC公認会計士講座　簿記会計研究会 ——

JN076163

TAC出版

TAC PUBLISHING Group

は し が き

　『新トレーニングシリーズ財務会計論・計算編』においては，総合問題の解き方を身に付けてもらうことを主眼として執筆・編集しています。そのため，初級・中級レベルの問題を中心に出題し，かつ，基本的な出題パターンを網羅することを心掛けました。本書を何度も繰り返し解くことによって，出題パターンに応じた解法を身に付けることができるでしょう。また，個々の論点は理解できるが，総合問題が思うように解くことができない，といった方のために，問題を効率良く解くための解法を示しています。各種資格試験は限られた試験時間内に効率よく解答しなければ，合格することは難しいので，本書を利用して効率的な解法をマスターして下さい。さらに，問題集として執筆・編集していますが，多くの受験生が間違い易い論点やまとめて覚えていた方が良い論点については詳細に解説しています。復習の際に，論点整理として利用して下さい。

　そして，本書を利用することによって，皆さんが財務会計論・計算編の総合問題を克服し，各種資格試験に合格されることを念願してやみません。

本 書 の 特 徴

本書の主な特徴は，次の7点です。

(1) 基礎力を身に付け，総合問題対策に本格的に取り組もうという方々のために，論点複合型の総合問題を数多く取り入れています。

(2) 解答だけでなく，詳細な解説及び解法を付けています。

(3) 各問題の出題論点がわかるように，チェックポイントとして明記しています。

(4) 解説中の仕訳及び計算式には，その数値が何を意味するのかが分かるように，詳細な解説を付しています。

(5) 問題解答上，間違え易い点については解説を付しています。また，計算技術を高めるためだけでなく，その理論的背景も理解するのに必要な点，及び問題解答上必要ではないが，まとめて整理しておくことで今後の理解を促す点についても解説を付しています。

(6) 繰り返し何度も解き直してもらうために，答案用紙をコピーし易いように，別冊として付けています。なお，答案用紙は，ＴＡＣ出版書籍販売サイト・サイバーブックストアよりダウンロードサービスもご利用いただけます。下記サイトにアクセスして下さい。「解答用紙ダウンロード」のコーナーにございます。

https://bookstore.tac-school.co.jp/

(7) 各論点によって7分冊にし，この7冊により，財務会計論・計算編の基本的な問題が網羅できるように執筆・編集しています。

本 書 の 対 象 者

本書は，主として公認会計士試験の受験対策用に編集された問題集ですが，総合問題への効率的なアプローチを主眼として執筆・編集しておりますので，税理士試験や日商簿記検定等の他の受験対策用としても是非，利用していただきたいです。

本 書 の 利 用 方 法

1. 問題は必ずペンをもって，実際に答案用紙に記入すること。

　　財務会計論・計算編の総合問題は解答数値のみならず，勘定科目等の記入も問われることがあります。特に，勘定記入や帳簿の記入・締切の問題は，答案用紙に記入するのに時間がかかるので，試験までに充分に慣れておく必要があります。

2. 解き始めた時間と終了時間を必ずチェックしておき，解答時間を計ること。

　　時間を意識しないトレーニングは資格受験の学習として意味がありません。制限時間の60分以内に解答できるか，各自意識して問題解答に取り組んで下さい。各問題に【解答時間及び得点】の欄を付けていますので，各自記入のうえ利用して下さい。

3. 採点基準に従い，実際に採点すること。

　　個々の論点を理解していても実際に点数に反映されなければ，資格受験として意味がありません。各自の実力を知るうえでも採点して下さい。なお，本書における合格点の目安は次のとおりです。各問題の【解答時間及び得点】における得点の欄を利用して記録して下さい。

　　難易度A（易）：80点，難易度B（標準）：70点，難易度C（難）：60点

4. 間違えた論点については，メモを取っておくこと。

　　間違えた原因が論点の理解不足のためなのか，それとも単なるケアレス・ミスなのか，メモを取っておいて下さい。各自の理解していない論点やケアレス・ミスしやすい論点がわかります。【解答時間及び得点】及び【チェック・ポイント】を利用して，メモを取って下さい。

5. 60分の制限時間内に問題が解けるようになるまで，何度も繰り返し解くこと。

　　目安としては最低限，各問題を3回は解いてもらいたいです。答案用紙は1部しかないので，あらかじめコピーを取っておくか，ＴＡＣ出版書籍販売サイト・サイバーブックストアよりダウンロードすると良いでしょう。

6．ＴＡＣ公認会計士講座の財務会計論・計算編のカリキュラムとの対応。

　　本書の問題とTAC公認会計士講座の講義内容との対応については、Ｔ
ＡＣ出版書籍販売サイト・サイバーブックストアよりご確認いただけます。
下記サイトにアクセスして下さい。「読者様限定　書籍連動ダウンロード
サービス」のコーナーよりダウンロードしていただけます。

https://bookstore.tac-school.co.jp/

CONTENTS

別冊／答案用紙

問　題／
解答・解説

Financial Accounting

商品売買業を営むＴＡＣ株式会社は東京に本店，大阪に支店を有しており，支店独立会計制度を採用している。そこで，当事業年度（自×10年４月１日　至×11年３月31日）における下記の〔資料〕を参照して，以下の各問に答えなさい。

問1 本店及び支店における損益勘定の記入・締切を行いなさい。

問2 総合損益勘定の記入・締切を行いなさい。

問3 答案用紙に示されている損益計算書及び貸借対照表を完成させなさい。

問4 答案用紙に示されている各項目に該当する金額を答えなさい。

〔資料Ⅰ〕　決算整理前残高試算表

決算整理前残高試算表

×11年３月31日　　　　　　　　　　　　　　（単位：千円）

借　方　科　目	本　店	支　店	貸　方　科　目	本　店	支　店
現　金　預　金	282,200	（　　　）	買　　掛　　金	276,750	157,600
売　　掛　　金	152,000	192,000	繰延内部利益	（　　　）	―
繰　越　商　品	80,000	62,000	貸倒引当金	2,800	2,400
建　　　　物	1,400,000	―	建物減価償却累計額	336,000	―
備　　　　品	360,000	200,000	備品減価償却累計額	157,500	87,500
土　　　　地	900,000	―	本　　　　店	―	（　　　）
支　　　　店	298,000	―	資　　本　　金	（　　　）	―
仕　　　　入	1,200,000	320,000	利　益　準　備　金	350,000	―
本　店　仕　入	―	616,000	繰越利益剰余金	148,750	―
営　　業　　費	142,800	142,300	売　　　　上	900,000	1,240,000
			支　店　売　上	638,000	―
			受　取　利　息	1,700	1,100
合　　　計	4,815,000	（　　　）	合　　　計	4,815,000	（　　　）

（注）支店の繰越商品勘定には，本店仕入分38,500千円が含まれている。

― 2 ―

〔資料Ⅱ〕　解答上の留意事項

1．本店は外部に原価率70％の価格で商品を販売するとともに，商品の一部を仕入原価に対し毎期10％増の振替価格で支店に送付している。

2．建物については帳簿上，本店が一括管理しており，支店が使用した建物に係る減価償却費を決算において支店に負担させる。

〔資料Ⅲ〕　当期末の未達事項

1．本店は支店に商品　？　千円を送付したが，支店に未達であった。

2．支店は本店の売掛金　1,500千円を回収したが，その報告が本店に未達であった。

3．支店は本店へ現金　2,300千円を送付したが，本店に未達であった。

4．本店は支店の営業費　800千円を支払ったが，その報告が支店に未達であった。

〔資料Ⅳ〕　決算整理事項等

1．期末手許商品実地棚卸高

　　　本　店：69,300千円

　　　支　店：68,000千円（うち，本店仕入分26,400千円）

　　なお，支店において棚卸減耗等はなかった。

2．減価償却

種　類	償却方法	耐用年数又は年償却率	残存価額
建　物	定　額　法	30年	10％
備　品	定　率　法	0.25	10％

　　なお，支店が使用した建物の取得原価は　270,000千円である。

3．貸倒引当金

　　本店，支店ともに売上債権期末残高に対して，2％の貸倒引当金を差額補充法により設定する。

4．経過勘定

　　　本　店：営業費の見越　1,200千円

　　　支　店：営業費の見越　　600千円

5．税引前当期純利益の50％を法人税，住民税及び事業税として計上する。

【解　答】

問1 （単位：千円）

		損		益			（本　店）
日　付	摘　　要	借　方	日　付	摘　　要	貸　方
3 31	仕　　　　　入	1,210,000	3 31	売　　　　　上	900,000
〃	棚 卸 減 耗 費	700	〃	支 店 売 上	638,000
〃	営　業　費	144,000	〃	受 取 利 息	1,700
〃	貸 倒 引 当 金 繰 入 額	210			
〃	建 物 減 価 償 却 費	33,900			
〃	備 品 減 価 償 却 費	50,625			
〃	総　合　損　益	100,265			
		1,539,700			1,539,700

		損		益			（支　店）
日　付	摘　　要	借　方	日　付	摘　　要	貸　方
3 31	仕　　　　　入	292,000	3 31	売　　　　　上	1,240,000
〃	本　店　仕　入	638,000	〃	受 取 利 息	1,100
〃	営　業　費	143,700			
〃	貸 倒 引 当 金 繰 入 額	1,440			
〃	建 物 減 価 償 却 費	8,100			
〃	備 品 減 価 償 却 費	28,125			
〃	本　　　　　店	129,735			
		1,241,100			1,241,100

問2 （単位：千円）

		総	合	損	益		
日　付	摘　　要	借　方	日　付	摘　　要	貸　方
3 31	繰 延 内 部 利 益 控 除	4,400	3 31	損　　　　　益	100,265
〃	法人税, 住民税及び事業税	114,550	〃	支　　　　　店	129,735
〃	繰 越 利 益 剰 余 金	114,550	〃	繰 延 内 部 利 益 戻 入	3,500
		233,500			233,500

問3 （単位：千円）

損 益 計 算 書

自×10年4月1日　至×11年3月31日

期 首 商 品 棚 卸 高	（★	138,500 ）	売　　　上　　　高	（★	2,140,000 ）
当 期 商 品 仕 入 高	（	1,520,000 ）	期 末 商 品 棚 卸 高	（★	155,600 ）
棚 卸 減 耗 費	（★	700 ）	受 取 利 息	（★	2,800 ）
営 業 費	（★	287,700 ）			
貸 倒 引 当 金 繰 入 額	（★	1,650 ）			
建 物 減 価 償 却 費	（	42,000 ）			
備 品 減 価 償 却 費	（★	78,750 ）			
法人税，住民税及び事業税	（	114,550 ）			
当 期 純 利 益	（	114,550 ）			
	（	2,298,400 ）		（	2,298,400 ）

貸 借 対 照 表

×11年3月31日

現 金 及 び 預 金	（★	515,200 ）	買 掛 金	（	434,350 ）
売 掛 金	（★	342,500 ）	未 払 費 用	（★	1,800 ）
貸 倒 引 当 金	（△	6,850 ）	未 払 法 人 税 等	（	114,550 ）
商 品	（★	154,900 ）	資 本 金	（★	2,000,000 ）
建 物	（	1,400,000 ）	利 益 準 備 金	（	350,000 ）
減 価 償 却 累 計 額	（△	378,000 ）	繰 越 利 益 剰 余 金	（	263,300 ）
備 品	（	560,000 ）			
減 価 償 却 累 計 額	（△	323,750 ）			
土 地	（	900,000 ）			
	（	3,164,000 ）		（	3,164,000 ）

問4

①	決算整理前残高試算表における本店勘定の金額	★	274,400	千円
②	決算整理前残高試算表における繰延内部利益勘定の金額	★	3,500	千円
③	決算整理後残高試算表における本店勘定の金額	★	305,300	千円
④	決算整理後残高試算表における繰延内部利益勘定の金額	★	3,500	千円
⑤	帳簿上，次期に繰り越される繰延内部利益勘定の金額	★	4,400	千円

【採点基準】

◯ 4点×7箇所＋★4点×18箇所＝100点

【解答時間及び得点】

	日　付	解答時間	得　点	Ｍ　Ｅ　Ｍ　Ｏ
1	／	分	点	
2	／	分	点	
3	／	分	点	
4	／	分	点	
5	／	分	点	

【チェック・ポイント】

出題分野	出題論点	日　付				
		／	／	／	／	／
本 支 店 会 計	未 達 取 引					
	総 合 損 益 勘 定					
	内 部 利 益					
	照 合 勘 定					

【解答への道】（単位：千円）

Ⅰ．〔資料Ⅰ〕の空欄推定

1．本　店

繰延内部利益：　　3,500 ← $38,500 \times \dfrac{0.1}{1.1}$（　**問4**　②の解答）

資　本　金：　2,000,000 ← 貸借差額

2．支　店

現　金　預　金：　230,700 ← 貸借差額

本　　　　　店：　274,400 ← 後述（Ⅱ．1．(3)参照，　**問4**　①の解答）

（参考1）本支店会計の簿記一巡

　本支店会計では，本店及び支店がそれぞれ独立した会計単位となっており，それぞれの帳簿に期中取引や決算の記入が行われる。本店及び支店において外部取引は今まで学習してきたことと何ら変わりはない。したがって，本支店会計の論点は，**本支店間取引及び支店間取引における会計処理並びに公表用財務諸表の作成**である。

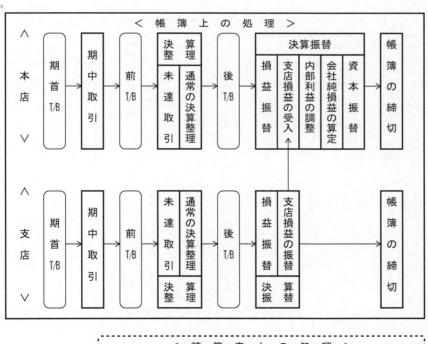

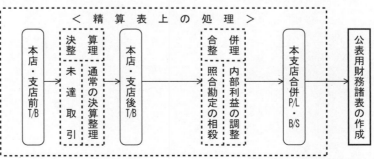

Ⅱ．決算整理仕訳等

1．期末未達取引（仕訳の左の番号は問題文の期末未達取引の番号を示す）

(1) 支　店

①	（借）	本　店　仕　入	22,000(*1)	（貸）	本　　　店	22,000
④	（借）	営　　業　　費	800	（貸）	本　　　店	800

(*1)　後述（(3) 照合勘定の分析参照）

(2) 本　店

②	（借）	支　　　店	1,500	（貸）	売　　掛　　金	1,500
③	（借）	現　金　預　金	2,300	（貸）	支　　　店	2,300

(3) 照合勘定の分析

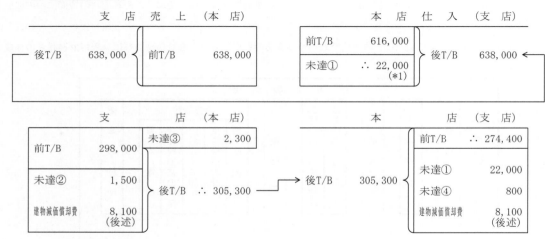

◎　前T/B 本　　店：274,400

（参考２）未達取引

1．意　義

　本支店間取引が決算日直前になされた場合，現金や商品の送付取引や立替払いの通知等が決算日現在，未だ他店に届いていない場合がある。この場合，**本支店のいずれか一方では記帳済みであるのにもかかわらず，他方では未だ記帳されていない**という事態が生じる。このような取引を「**未達取引**」という。

　期中において本支店間取引が正しく処理された場合，照合勘定（本店勘定及び支店勘定，本店仕入勘定及び支店売上勘定，本店売上勘定及び支店仕入勘定）は一致する。しかし，**未達取引が生じている場合には，未達取引の分だけ照合勘定は一致しない。**

2．会計処理

　未達取引が生じているということは，内部取引について本来行うべき処理がなされていないことを意味する。したがって，通常の決算整理を行う前に未達取引の処理を行わなければ，本店・支店の正しい業績評価を行うことができない。

　そこで，**未達が生じている側の決算整理において，未達取引が決算日に到達したものとして処理する。**なお，未達取引を帳簿上，適切に処理すれば，照合勘定は一致する。したがって，**決算整理前残高試算表における照合勘定は一致しない**が，決算整理において未達取引を処理すれば，**決算整理後残高試算表における照合勘定は一致する。**

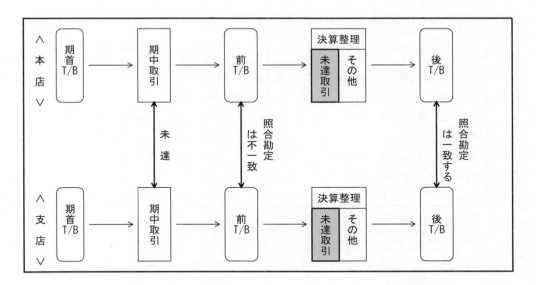

２．通常の決算整理事項

(1) 支店

(借)	仕	入	62,000	(貸)	繰 越 商 品			62,000
(借)	繰 越 商 品		90,000(*1)	(貸)	仕		入	90,000
(借)	建 物 減 価 償 却 費		8,100(*2)	(貸)	本		店	8,100
(借)	備 品 減 価 償 却 費		28,125(*3)	(貸)	備 品 減 価 償 却 累 計 額			28,125
(借)	貸 倒 引 当 金 繰 入 額		1,440(*4)	(貸)	貸 倒 引 当 金			1,440
(借)	営 業 費		600	(貸)	未 払 営 業 費			600

(*1) 期末手許商品68,000＋期末商品未達22,000＝90,000

(注) 期末手許商品68,000は決算日現在，実際に支店の手許にある商品を示している。したがって，期末手許商品68,000には決算日現在，支店の手許に届いていない期末未達商品22,000は含まれていない点に注意すること。

(注) 「本店仕入」勘定は照合勘定なので，原則として「支店売上」勘定の金額と一致させるべきである。したがって，本店から仕入れた商品についても，原則として「仕入」勘定を用いて売上原価の算定を行う。

(*2) 270,000×0.9÷30年＝8,100

(注) 本問においては建物減価償却費の一部を支店に負担させている。この場合，支店は建物減価償却費の支店負担分のみ計上する。しかし，建物については帳簿上，本店が一括管理しているので「建物」勘定及び「建物減価償却累計額」勘定は本店にのみ計上される点に注意すること。

(*3) (200,000－87,500)×0.25＝28,125

(*4) 売掛金192,000×2％－前T/B 2,400＝1,440

(2) 本店

(借)	仕	入	80,000	(貸)	繰 越 商 品			80,000
(借)	繰 越 商 品		70,000(*1)	(貸)	仕		入	70,000
(借)	棚 卸 減 耗 費		700(*2)	(貸)	繰 越 商 品			700
(借)	建 物 減 価 償 却 費		42,000(*3)	(貸)	建 物 減 価 償 却 累 計 額			42,000
(借)	支 店		8,100	(貸)	建 物 減 価 償 却 費			8,100
(借)	備 品 減 価 償 却 費		50,625(*4)	(貸)	備 品 減 価 償 却 累 計 額			50,625
(借)	貸 倒 引 当 金 繰 入 額		210	(貸)	貸 倒 引 当 金			210(*5)
(借)	営 業 費		1,200	(貸)	未 払 営 業 費			1,200

(*1)

(*2) 帳簿棚卸高70,000(*1)－実地棚卸高69,300＝700

(*3) 1,400,000×0.9÷30年＝42,000

(*4) (360,000－157,500)×0.25＝50,625

(*5) (前T/B 売掛金152,000－売掛金決済未達1,500)×2％－前T/B 2,800＝210

Ⅲ．決算整理後残高試算表

決算整理後残高試算表
×11年3月31日

借方科目	本店	支店	貸方科目	本店	支店
現 金 預 金	284,500	230,700	買 掛 金	276,750	157,600
売 掛 金	150,500	192,000	未 払 営 業 費	1,200	600
繰 越 商 品	69,300	90,000	繰 延 内 部 利 益	3,500	―
建 物	1,400,000	―	貸 倒 引 当 金	3,010	3,840
備 品	360,000	200,000	建物減価償却累計額	378,000	―
土 地	900,000	―	備品減価償却累計額	208,125	115,625
支 店	305,300	―	本 店	―	305,300
仕 入	1,210,000	292,000	資 本 金	2,000,000	―
本 店 仕 入	―	638,000	利 益 準 備 金	350,000	―
棚 卸 減 耗 費	700	―	繰 越 利 益 剰 余 金	148,750	―
営 業 費	144,000	143,700	売 上	900,000	1,240,000
貸倒引当金繰入額	210	1,440	支 店 売 上	638,000	―
建 物 減 価 償 却 費	33,900	8,100	受 取 利 息	1,700	1,100
備 品 減 価 償 却 費	50,625	28,125			
合 計	4,909,035	1,824,065	合 計	4,909,035	1,824,065

Ⅳ．決算振替仕訳

1．支　店

(1) 損益振替

(借)	売	上	1,240,000	(貸)	損		益	1,241,100
	受　取　利　息		1,100					
(借)	損	益	1,111,365	(貸)	仕		入	292,000
					本　店　仕　入			638,000
					営　　業　　費			143,700
					貸倒引当金繰入額			1,440
					建物減価償却費			8,100
					備品減価償却費			28,125

(2) 支店損益の本店への振替

(借)	損	益	129,735	(貸)	本	店	129,735

(注)　会社全体の損益は本店における「総合損益」勘定で算定するので，会社全体の損益を算定するために，支店では「本店」勘定を用いて支店損益を本店へ振り替える。

2．本　店

(1) 損益振替

(借)	売		上	900,000	(貸)	損		益	1,539,700
	支 店 売		上	638,000					
	受 取 利		息	1,700					
(借)	損		益	1,439,435	(貸)	仕		入	1,210,000
						棚 卸 減 耗 費			700
						営 業 費			144,000
						貸 倒 引 当 金 繰 入 額			210
						建 物 減 価 償 却 費			33,900
						備 品 減 価 償 却 費			50,625

(2) 本店損益の総合損益勘定への振替

(借)	損	益	100,265	(貸)	総 合 損 益	100,265

(3) 支店損益の受入と総合損益勘定への振替

(借)	支	店	129,735	(貸)	総 合 損 益	129,735

(注)　会社全体の損益は本店における「総合損益」勘定で算定するので，会社全体の損益を算定するために，本店では「支店」勘定を用いて支店損益を受け入れる。

(4) 内部利益の調整

(借)	繰 延 内 部 利 益	3,500	(貸)	繰 延 内 部 利 益 戻 入	3,500 (*1)
(借)	繰 延 内 部 利 益 控 除	4,400 (*2)	(貸)	繰 延 内 部 利 益	4,400

(*1)　前T/B　繰延内部利益より

(*2)　$(26,400＋期末商品未達22,000)\times\dfrac{0.1}{1.1}=4,400$ ← 帳簿上，次期に繰り越される

繰延内部利益勘定（　問4　⑤の解答）

繰 延 内 部 利 益　　　（本　店）

繰延内部利益戻入	3,500 (*1)	期首T/B	3,500
次期繰越金額　∴	4,400	繰延内部利益控除	4,400 (*2)

(注)　内部利益の調整は決算振替として行われるので，後T/B における繰延内部利益の金額は，期首棚卸資産に含まれる内部利益の金額（本問では 3,500）であり，期首T/B 及び前T/B における繰延内部利益の金額と同じである。しかし，帳簿上，次期に繰り越される繰延内部利益勘定の金額は，決算振替後の金額なので，期末棚卸資産に含まれる内部利益の金額（本問では 4,400）となる。

◎　期首T/B 繰延内部利益 ＝ 前T/B 繰延内部利益 ＝ 後T/B 繰延内部利益
　　＝ 期首棚卸資産に含まれる内部利益

◎　帳簿上，次期に繰り越される繰延内部利益勘定 ＝ 期末棚卸資産に含まれる内部利益

(5) 内部利益の総合損益勘定への振替

（借）	繰 延 内 部 利 益 戻 入	3,500	（貸）	総 合 損 益	3,500
（借）	総 合 損 益	4,400	（貸）	繰 延 内 部 利 益 控 除	4,400

(注) 本店損益及び支店損益は内部利益考慮前の金額をもとに算定しているため，会社全体の損益を算定するために，内部利益の調整金額を本店における「総合損益」勘定（又は本店における「損益」勘定）に振り替える。

(6) 法人税等の計上と総合損益勘定への振替

（借）	法人税，住民税及び事業税	114,550(*1)	（貸）	未 払 法 人 税 等	114,550
（借）	総 合 損 益	114,550	（貸）	法人税，住民税及び事業税	114,550(*1)

(*1) 税引前当期純利益229,100(*2)×50％＝114,550

(注) 通常，法人税等の計上は決算整理仕訳として行われるが，本支店会計では決算振替手続が終わらないと会社全体の損益が算定されないため，決算振替仕訳として行っている。また，法人税等は会社全体の損益に係る費用であるため，「総合損益」勘定に振り替えられる。

(*2) 本店損益100,265＋支店損益129,735＋繰延内部利益戻入3,500－繰延内部利益控除4,400＝229,100

(7) 資本振替

（借）	総 合 損 益	114,550	（貸）	繰 越 利 益 剰 余 金	114,550

（参考３）内部利益の調整

１．意　義

　　　本支店間において，仕入原価に一定の利益を加算した振替価格を用いて商品売買を行った場合に，商品
　の受入側がその商品を外部に販売すれば，原価に加算した利益は実現する。

　　　しかし，その商品が受入側において決算日現在，販売されていない場合，商品の送付側で計上した利益
　は**未実現利益**となる。なぜならば，会社全体から見ると，同一会社において商品が送付側から受入側に移
　動したにすぎないからである。

　　　このように**本店・支店等の企業内部における独立した会計単位の内部取引から生じた未実現利益**を「**内
　部利益**」という。この内部利益は会社全体の損益を算定するに当たり，調整する必要がある。なお，本店
　が仕入原価に加算した利益を「**本店付加利益**」，支店が仕入原価に加算した利益を「**支店付加利益**」とい
　う。

２．内部利益の調整方法

(1)　**本店で一括して調整する方法**

　　　本店が付加した内部利益も支店が付加した内部利益もすべて本店が一括して調整する方法なので「繰
　延内部利益」勘定は本店のみに設定され，支店には設定されない。したがって，支店の前T/B ・後T/B
　等に「繰延内部利益」勘定がなければ，本店が一括して調整していると判断すること。

(2)　**本店・支店がそれぞれ自己の付加した内部利益を調整する方法**

　　　本店が付加した内部利益は本店が調整し，支店が付加した内部利益は支店が調整する方法なので「繰
　延内部利益」勘定は本店，支店それぞれに設定される。したがって，支店の前T/B ・後T/B 等に「繰延
　内部利益」勘定があれば，それぞれ自己の付加した内部利益を調整していると判断すること。なお，本
　店，支店が調整する内部利益は自己が付加した内部利益であって，自己の保有する棚卸資産に含まれる
　内部利益ではない点に注意すること。

　　　どちらの方法を採用しても，作成される財務諸表は同じであり，総合損益勘定の記入も同じとなる。

（参考４）支店損益の振替と会社全体の損益の算定

１．意　義

　　まず，独自の業績を評価するために，本店・支店それぞれの決算において本店・支店の損益を算定する。次に，会社全体の業績を把握するために，支店は支店損益を本店に振り替え，本店がこれを受け入れ，本店において本店と支店の損益を合算して，会社全体の損益を算定する。

２．処理の流れ

(1) 損益振替

①　本店・支店の損益の算定

　　本店・支店がそれぞれ損益振替を行うことによって「損益」勘定において一会計期間の損益を算定する。なお，内部取引を表す照合勘定については，本店・支店それぞれにおいて収益又は費用として損益振替に含める。つまり，本店において「支店売上」勘定は収益，「支店仕入」勘定は費用として，支店において「本店売上」勘定は収益，「本店仕入」勘定は費用として損益振替を行う。

本　　店				支　　店			
（借）諸 収 益	××	（貸）損　　益	××	（借）諸 収 益	××	（貸）損　　益	××
（借）損　　益	××	（貸）諸 費 用	××	（借）損　　益	××	（貸）諸 費 用	××

②　会社全体の損益の算定

ⅰ　支店損益の振替

　　支店では損益勘定で算定した損益を「本店」勘定に振り替えることによって，支店損益の本店への振替を行う。

ⅱ　支店損益の受入及び会社全体の損益の算定

　　本店では「損益」勘定により算定した本店損益と支店から受け入れた支店損益を合算して会社全体の損益を算定する。そこで，本店は「総合損益」勘定を設定し，本店の「損益」勘定で算定した本店の損益を「総合損益」勘定に振り替える。また，支店の損益を「支店」勘定で受け入れ，それを「総合損益」勘定に振り替えて，会社全体の税引前当期純利益を算定する。

（借）損　　益	××	（貸）総合損益	××	—			
（借）支　　店	××	（貸）総合損益	××	（借）損　　益	××	（貸）本　　店	××

iii　会社全体の損益の算定

　　本店・支店の損益振替によって算定されたそれぞれの損益は内部利益調整前の損益である。そこ
で，会社全体の損益を算定するために，「**繰延内部利益戻入**」及び「**繰延内部利益控除**」を決算振
替によって「**総合損益**」勘定に振り替える。

　　本店と支店は併せて1つの会社であり，法人税等は会社全体の利益に対して課される。したがっ
て，内部利益を調整して会社全体の税引前当期純利益を算定した後に，本店において**決算振替仕訳**
として法人税等の処理を行う。そして，「**法人税等（又は「法人税，住民税及び事業税」）**」勘定
は「**総合損益**」勘定に振り替える。

（借）繰延内部利益	××	（貸）繰延内部利益戻入	××	―
（借）繰延内部利益控除	××	（貸）繰延内部利益	××	―
（借）繰延内部利益戻入	××	（貸）総合損益	××	―
（借）総合損益	××	（貸）繰延内部利益控除	××	―
（借）法人税等	××	（貸）未払法人税等	××	―
（借）総合損益	××	（貸）法人税等	××	―

(2)　資本振替

　　会社全体の当期純利益を「総合損益」勘定から「繰越利益剰余金」勘定に振り替える。

本　　　店	支　　　店
（借）総合損益　　××　（貸）繰越利益剰余金　××	―

3. 勘定記入

(1) 本店の損益勘定

損　益

日	付	摘　要	借　方	日	付	摘　要	貸　方
3	31	仕　　　　入	×××	3	31	売　　　　上	×××
	〃	支　店　仕　入	×××		〃	支　店　売　上	×××
	〃	営　業　費	×××		〃	受　取　利　息	×××
	〃	貸倒引当金繰入額	×××				
	〃	減　価　償　却　費	×××				
	〃	総　合　損　益	×××				
			×××				×××

(2) 支店の損益勘定

損　益

日	付	摘　要	借　方	日	付	摘　要	貸　方
3	31	仕　　　　入	×××	3	31	売　　　　上	×××
	〃	本　店　仕　入	×××		〃	本　店　売　上	×××
	〃	営　業　費	×××		〃	受　取　利　息	×××
	〃	貸倒引当金繰入額	×××				
	〃	減　価　償　却　費	×××				
	〃	本　　　　店	×××				
			×××				×××

(3) 本店の総合損益勘定

総　合　損　益

日	付	摘　要	借　方	日	付	摘　要	貸　方
3	31	繰延内部利益控除	×××	3	31	損　　　　益	×××
	〃	法　人　税　等	×××		〃	支　　　　店	×××
	〃	繰越利益剰余金	×××		〃	繰延内部利益戻入	×××
			×××				×××

Ⅴ．本支店合併損益計算書及び貸借対照表における数値の算定

　1．損益計算書

損 益 計 算 書

自×10年4月1日　至×11年3月31日

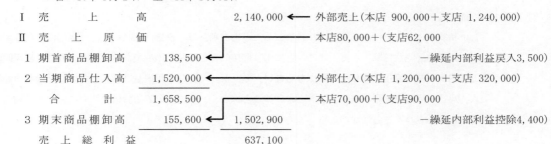

Ⅰ　売　　　　上　　　　高		2,140,000	← 外部売上(本店 900,000＋支店 1,240,000)
Ⅱ　売　　上　　原　　価			本店80,000＋(支店62,000
1　期首商品棚卸高	138,500		－繰延内部利益戻入3,500)
2　当期商品仕入高	1,520,000		外部仕入(本店 1,200,000＋支店 320,000)
合　　　　計	1,658,500		本店70,000＋(支店90,000
3　期末商品棚卸高	155,600	1,502,900	－繰延内部利益控除4,400)
売　上　総　利　益		637,100	

　2．貸借対照表

商　　　　　品	154,900	← 本店69,300＋(支店90,000－繰延内部利益4,400)

（参考5）外部公表用財務諸表の作成

　　外部公表用財務諸表は，合併精算表における合併損益計算書・貸借対照表を基に作成する。外部公表用財務諸表では内部取引及び内部利益に係る項目はすべて消去し，**外部取引のみを表示しなければならない。**

　1．内部利益

　　　合併精算表においては内部取引は相殺消去したが内部利益は「繰延内部利益」，「繰延内部利益戻入」及び「繰延内部利益控除」を計上することにより間接的に控除したのみである。一方，**外部公表用財務諸表では内部利益を直接控除しなければならない。** したがって，公表用損益計算書において「繰延内部利益戻入」及び「繰延内部利益控除」が計上されることはなく，また，公表用貸借対照表において「繰延内部利益」が計上されることはない。

　2．外部公表用本支店合併財務諸表

　　(1) 損益計算書

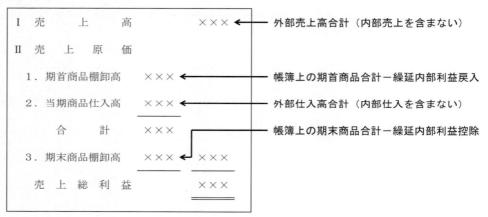

- Ⅰ 売 上 高 ×××　←　外部売上高合計（内部売上を含まない）
- 帳簿上の期首商品合計－繰延内部利益戻入
- 外部仕入高合計（内部仕入を含まない）
- 帳簿上の期末商品合計－繰延内部利益控除

　　(2) 貸借対照表

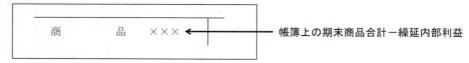

帳簿上の期末商品合計－繰延内部利益

【MEMO】

問題 ② 本支店会計②

商品売買業を営むＴＡＣ社は東京に本店，名古屋及び福岡に支店を有しており，本店及び各支店をそれぞれ独立の会計単位として，本店集中計算制度を採用している。そこで，当事業年度（自×10年４月１日　至×11年３月31日）における下記の〔資料〕を参照して，以下の各問に答えなさい。

問1 〔資料Ⅰ〕における空欄①～④の金額を答えなさい。

問2 答案用紙に示されている損益計算書及び貸借対照表を完成させなさい。

〔資料Ⅰ〕　決算整理前残高試算表

1．本　店

決算整理前残高試算表
×11年３月31日
（単位：千円）

借方	金額	貸方	金額
現　金　預　金	（　　　　　）	支　払　手　形	198,800
受　取　手　形	264,000	買　　掛　　金	252,000
売　　掛　　金	316,400	貸　倒　引　当　金	4,740
繰　越　商　品	312,000	繰　延　内　部　利　益	（　②　）
建　　　　　物	1,000,000	長　期　借　入　金	600,000
備　　　　　品	900,000	建物減価償却累計額	300,000
土　　　　　地	1,000,000	備品減価償却累計額	536,800
名　古　屋　支　店	522,300	資　　本　　金	2,400,000
福　岡　支　店	（　①　）	利　益　準　備　金	120,000
仕　　　　　入	1,440,000	繰　越　利　益　剰　余　金	364,000
営　　業　　費	240,000	売　　　　　上	1,326,000
支　払　利　息	18,000	名　古　屋　支　店　売　上	378,000
		福　岡　支　店　売　上	171,000
	（　　　　　）		（　　　　　）

2．名古屋支店

決算整理前残高試算表

×11年3月31日 （単位：千円）

現 金 預 金	（　　　　　）	支 払 手 形	104,600
受 取 手 形	84,000	買 掛 金	88,000
売 掛 金	54,000	貸 倒 引 当 金	2,300
繰 越 商 品	87,000	建 物 減 価 償 却 累 計 額	191,600
建 物	500,000	備 品 減 価 償 却 累 計 額	200,800
備 品	400,000	本 店	（　③　）
仕 入	468,000	売 上	808,000
本 店 仕 入	377,100	本 店 売 上	240,000
営 業 費	116,000		
	（　　　　　）		（　　　　　）

3．福岡支店

決算整理前残高試算表

×11年3月31日 （単位：千円）

現 金 預 金	（　　　　　）	支 払 手 形	39,000
受 取 手 形	48,000	買 掛 金	42,000
売 掛 金	72,000	貸 倒 引 当 金	1,680
繰 越 商 品	74,400	建 物 減 価 償 却 累 計 額	85,000
建 物	300,000	備 品 減 価 償 却 累 計 額	108,000
備 品	150,000	本 店	333,900
本 店 仕 入	（　④　）	売 上	490,200
営 業 費	26,440		
	1,099,780		1,099,780

〔資料Ⅱ〕　当期末未達取引

1．本店は名古屋支店へA商品 900千円（振替価格）を送付したが，名古屋支店に未達であった。

2．本店は福岡支店の得意先に直接A商品を 5,000千円で販売したが，福岡支店に未達であった。

3．名古屋支店は福岡支店へB商品20個を送付したが，福岡支店及び本店に未達であった。

4．福岡支店は名古屋支店の営業費 600千円を現金で支払ったが，その報告が名古屋支店及び本店に未達であった。

5．福岡支店は本店に 4,100千円を送金したが，本店に未達であった。

〔資料Ⅲ〕 決算整理事項等

1．商品（棚卸減耗等はなかった）

(1) 期首手許商品棚卸高又は数量

	本　店	名古屋支店	福岡支店
A 商品	312,000千円	27,000千円	32,400千円
B 商品	―	250個	140個

(2) 期末手許商品棚卸高又は数量

	本　店	名古屋支店	福岡支店
A 商品	300,000千円	17,100千円	23,400千円
B 商品	―	350個	100個

(3) 決算整理前残高試算表における売上の内訳

	本　店	名古屋支店	福岡支店
A 商品	1,326,000千円	430,000千円	195,000千円
B 商品	―	378,000千円	295,200千円

2．減価償却

(1) 建物は本店及び各支店ともに定額法（残存価額10％，耐用年数30年）により減価償却を行う。

(2) 備品は本店及び各支店ともに定率法（残存価額10％，年償却率25％）により減価償却を行う。

3．本店及び各支店ともに売上債権期末残高に対して，2％の貸倒引当金を差額補充法により設定する。

4．本店の支払利息のうち30％を名古屋支店に，20％を福岡支店に割り当てる。

5．費用の見越

本　　　店：営業費 1,280千円　　　支払利息 4,500千円

名古屋支店：営業費 　870千円

福岡支店：営業費 　260千円

6．法人税，住民税及び事業税として，37,800千円を計上する。

〔資料Ⅳ〕 解答上の留意事項

1．TAC社はA商品及びB商品の売買を行っている。なお，商品売買はすべて掛により行っている。

2．A商品はすべて本店が外部から仕入れ，外部に毎期，原価率 ？ ％で販売するとともに，外部販売価格の10％引の価格で各支店に送付している。なお，各支店では本店の外部販売価格をもって外部に販売している。

3．B商品はすべて名古屋支店が外部から@ 240千円で仕入れ，外部に@ 360千円で販売するとともに，福岡支店に@ 300千円で送付している。なお，福岡支店では名古屋支店の外部販売価格をもって外部に販売している。

4．前期末において未達取引はなかった。

5．本店が支店の取引先と直接取引した場合には，帳簿上，一旦本店と支店との間に取引があったものとして処理する。

【MEMO】

【解　答】

問1	① ★　343,100	② ★　18,300	③ ★　515,400	④ ★　400,500

問2　(単位：千円)

損　益　計　算　書

自×10年4月1日　至×11年3月31日

I　売　　　　　上　　　　　高			(★　2,629,200)
II　売　　上　　原　　価			
1　期 首 商 品 棚 卸 高	(★　455,100)		
2　当 期 商 品 仕 入 高	(★　1,908,000)		
合　　　計	(2,363,100)		
3　期 末 商 品 棚 卸 高	(447,300)	(1,915,800)	
売　上　総　利　益		(713,400)	
III　販 売 費 及 び 一 般 管 理 費			
1　営　　　　業　　　　費	(★　385,450)		
2　貸 倒 引 当 金 繰 入 額	(★　8,148)		
3　建 物 減 価 償 却 費	(★　54,000)		
4　備 品 減 価 償 却 費	(151,100)	(598,698)	
営　　業　　利　　益		(114,702)	
IV　営　　業　　外　　費　　用			
1　支　　払　　利　　息	(22,500)	(22,500)	
経　　常　　利　　益		(92,202)	
税 引 前 当 期 純 利 益		(92,202)	
法 人 税，住 民 税 及 び 事 業 税		(37,800)	
当　期　純　利　益		(★　54,402)	

貸 借 対 照 表

×11年3月31日

現 金 及 び 預 金		(★ 410,980)	支 払 手 形		(342,400)
受 取 手 形	(396,000)		買 掛 金		(382,000)
貸 倒 引 当 金	(7,920)	(388,080)	未 払 費 用		(★ 6,910)
売 掛 金	(★ 447,400)		未 払 法 人 税 等		(37,800)
貸 倒 引 当 金	(8,948)	(438,452)	長 期 借 入 金		(600,000)
商 品		(★ 447,300)	資 本 金		(2,400,000)
建 物	(1,800,000)		利 益 準 備 金		(120,000)
減価償却累計額	(630,600)	(1,169,400)	繰 越 利 益 剰 余 金		(418,402)
備 品	(1,450,000)				
減価償却累計額	(996,700)	(★ 453,300)			
土 地		(1,000,000)			
資 産 合 計		(4,307,512)	負 債 純 資 産 合 計		(4,307,512)

【採点基準】

| 問1 | 4点×4箇所＋ | 問2 | 7点×12箇所＝100点 |

【解答時間及び得点】

	日 付	解答時間	得 点	Ｍ Ｅ Ｍ Ｏ
1	／	分	点	
2	／	分	点	
3	／	分	点	
4	／	分	点	
5	／	分	点	

【チェック・ポイント】

出題分野	出題論点	日 付				
		／	／	／	／	／
本 支 店 会 計	未 達 取 引					
	内 部 利 益					
	本 店 集 中 計 算 制 度					

【解答への道】（単位：千円）

Ⅰ．決算整理前残高試算表の空欄推定

  1．本　店

     現 金 預 金　313,840　← 貸借差額

     ①福 岡 支 店　343,100　← 後述（Ⅲ．参照）

     ①繰延内部利益　18,300　← 本店付加分9,900（Ⅴ．1．(1) 参照）

                    ＋名古屋支店付加分8,400（Ⅴ．1．(2) 参照）

  2．名古屋支店

     現 金 預 金　64,600　← 貸借差額

     ③本　　　　店　515,400　← 後述（Ⅲ．参照）

  3．福岡支店

     現 金 預 金　28,440　← 貸借差額

     ④本 店 仕 入　400,500　← 後述（Ⅲ．参照）

Ⅱ．期末未達取引（仕訳の左の番号は問題文の期末未達取引の番号を示す）

  1．名古屋支店

①	（借）本　店　仕　入	900	（貸）本	店	900
④	（借）営　　業　　費	600	（貸）本	店	600

  2．福岡支店

②	（借）本　店　仕　入	4,500	（貸）本	店	4,500（*1）
〃	（借）売　　掛　　金	5,000	（貸）売	上	5,000
③	（借）本　店　仕　入	6,000	（貸）本	店	6,000（*2）

    （*1）　5,000×0.9＝4,500

    （*2）　@300×20個＝6,000 ← 名古屋支店の福岡支店への売上

  3．本　店

③	（借）福　岡　支　店	6,000（*1）	（貸）名 古 屋 支 店	6,000
④	（借）名 古 屋 支 店	600	（貸）福 岡 支 店	600
⑤	（借）現　金　預　金	4,100	（貸）福 岡 支 店	4,100

    （*1）　@300×20個＝6,000 ← 名古屋支店の福岡支店への売上

    （注）　本店集中計算制度を採用している場合，支店間取引を本店と支店との取引とみなして処理する。

Ⅲ．照合勘定

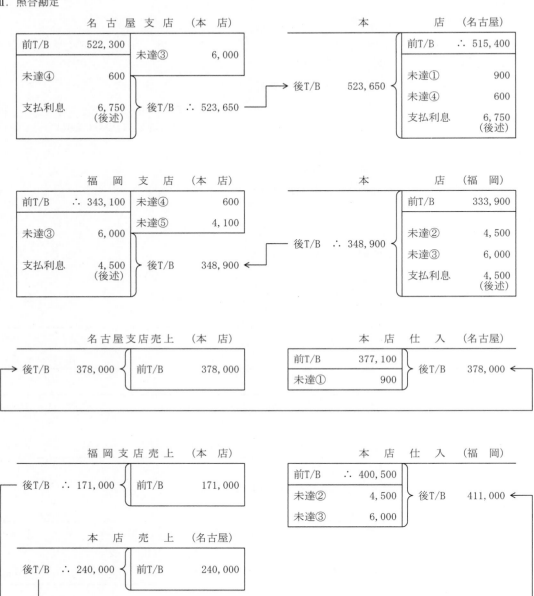

名 古 屋 支 店 （本 店）

前T/B	522,300	未達③	6,000
未達④	600		
支払利息	6,750	後T/B ∴ 523,650	
（後述）			

本　　店　（名古屋）

前T/B ∴ 515,400		
未達①		900
未達④		600
支払利息		6,750
		（後述）

後T/B　523,650

福 岡 支 店 （本 店）

前T/B ∴ 343,100	未達④	600	
	未達⑤	4,100	
未達③	6,000		
支払利息	4,500	後T/B	348,900
（後述）			

本　　店　（福　岡）

前T/B	333,900	
未達②		4,500
未達③		6,000
支払利息		4,500
		（後述）

後T/B ∴ 348,900

名古屋支店売上 （本 店）

後T/B	378,000	前T/B	378,000

本 店 仕 入 （名古屋）

前T/B	377,100	後T/B	378,000
未達①	900		

福岡支店売上 （本 店）

後T/B ∴ 171,000		前T/B	171,000

本 店 仕 入 （福 岡）

前T/B ∴ 400,500		後T/B	411,000
未達②	4,500		
未達③	6,000		

本 店 売 上 （名古屋）

後T/B ∴ 240,000		前T/B	240,000

（注）　福岡支店では，Ａ商品及びＢ商品の仕入れを「本店仕入」勘定で処理している。したがって，福岡支店の「本店仕入」勘定に対応する金額は，本店の「福岡支店売上」勘定（本店の福岡支店へのＡ商品売上）と名古屋支店の「本店売上」勘定（名古屋支店の福岡支店へのＢ商品売上）の合計金額である。

（参考１）本店集中計算制度・支店分散計算制度について

　１．本店集中計算制度（本問）

　　　本店集中計算制度とは，支店間取引を本店と支店との取引とみなして処理する方法である。この方法では，**支店では本店勘定のみを設け，**本店では各支店勘定を設ける。

　　　この方法によれば，本店で支店間のすべての取引を完全に把握することができるため，本店が支店を管理する上で望ましい方法である。

　２．支店分散計算制度

　　　支店分散計算制度とは，支店間取引を支店間の直接の取引として，直接相手の支店名の勘定で処理する方法である。この方法では，**支店では本店勘定と各支店勘定を設け，**本店では各支店勘定を設ける。

　　　この方法によれば，支店において支店間取引が明確になり，支店独自の管理に役立ち，支店の独立性が高まるが，本店が支店間取引を直接把握できなくなるので，本店の集中的な管理が不十分となる。

　（注）　仮に，本問で「本店集中計算制度を採用している」旨の指示がない場合には，名古屋支店の前T/B に「福岡支店」勘定がないこと，福岡支店の前T/B に「名古屋支店」勘定がないことから，本店集中計算制度を採用していることを判断する。

（参考２）支店間における商品売買取引の記帳方法

　１．本店集中計算制度

　　（1）名古屋支店

（借）本　　　　　　　店　　×××　（貸）本　　店　　売　　上　　×××

　　（2）福岡支店

（借）本　　店　　仕　　入　　×××　（貸）本　　　　　　　店　　×××

　　（3）本　店

（借）福　　岡　　支　　店　　×××　（貸）名　古　屋　支　店　　×××

　２．支店分散計算制度

　　（1）名古屋支店

（借）福　　岡　　支　　店　　×××　（貸）福　岡　支　店　売　上　×××

　　（2）福岡支店

（借）名　古　屋　支　店　仕　入　×××　（貸）名　古　屋　支　店　×××

　　（3）本　店

仕　訳　な　し

　（注）　本店は，支店間取引について仕訳を行わない。

Ⅳ. 商品の流れ

1. A商品

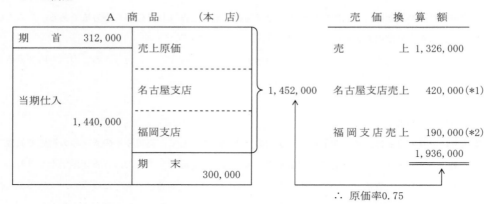

A 商 品 （本 店）

期　首　312,000	売上原価		
当期仕入	名古屋支店		
1,440,000	福岡支店		1,452,000
	期　末　300,000		

売 価 換 算 額

売　　上　1,326,000	
名古屋支店売上　420,000(*1)	
福岡支店売上　190,000(*2)	
1,936,000	

∴ 原価率0.75

（*1）　378,000÷0.9＝420,000

（*2）　171,000÷0.9＝190,000

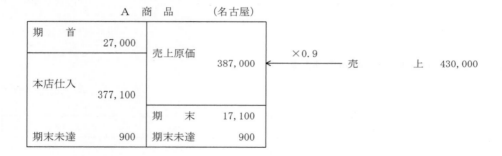

A 商 品 （名古屋）

期　首　27,000	売上原価　387,000	×0.9	売　　上　430,000
本店仕入　377,100	期　末　17,100		
期末未達　900	期末未達　900		

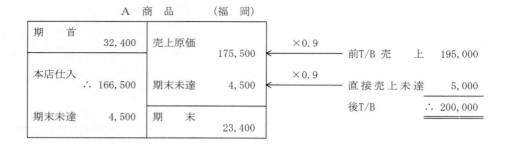

A 商 品 （福 岡）

期　首　32,400	売上原価　175,500	×0.9	前T/B 売　上　195,000
本店仕入　∴166,500	期末未達　4,500	×0.9	直接売上未達　5,000
期末未達　4,500	期　末　23,400		後T/B　∴200,000

２．Ｂ商品

Ｂ　商　品　（名古屋）　　　　　　＠240

期　　首　　250個	60,000	外部売上　1,050個 （*2）	252,000	← 売　　上　378,000
当期仕入　1,950個 （*1）	468,000	福岡支店　　　800個 （*3）	192,000	← 本店売上　240,000
		期末手許　　350個	84,000	

Ｂ　商　品　（福　　岡）　　　　　　＠300

期　　首　　140個	42,000	外部売上　　820個 （*4）	246,000	← 売　　上　295,200
本店仕入 ∴780個	234,000			
期末未達　　20個	6,000	期末手許　　100個	30,000	
		期末未達　　20個	6,000	

（*1）　名古屋支店前T/B　仕入468,000÷＠240＝1,950個

（*2）　名古屋支店Ｂ商品売上378,000÷＠360＝1,050個

（*3）　名古屋支店前T/B　本店売上240,000÷＠300＝800個

（*4）　福岡支店Ｂ商品売上295,200÷＠360＝820個

Ⅴ．内部利益の計算

　１．期首棚卸資産

　　（1）本店付加分

　　　　Ａ商品（名古屋支店27,000＋福岡支店32,400）×本店利益率 $\dfrac{0.9-原価率0.75}{0.9}$ ＝9,900

　　（2）名古屋支店付加分

　　　　Ｂ商品（＠300－＠240）×福岡支店140個＝8,400

　２．期末棚卸資産

　　（1）本店付加分

　　　　Ａ商品{名古屋支店（手許17,100＋期末商品未達900）＋福岡支店23,400}

　　　　　　　　　　　　　　　　　　　　　　　×本店利益率 $\dfrac{0.9-原価率0.75}{0.9}$ ＝6,900

　　（2）名古屋支店付加分

　　　　Ｂ商品（＠300－＠240）×福岡支店（手許100個＋期末商品未達20個）＝7,200

VI. 通常の決算整理仕訳

1．名古屋支店

（借）	仕　　　入	87,000	（貸）　繰　越　商　品	87,000
（借）	繰　越　商　品	102,000(*1)	（貸）　仕　　　入	102,000
（借）	建物減価償却費	15,000(*2)	（貸）　建物減価償却累計額	15,000
（借）	備品減価償却費	49,800(*3)	（貸）　備品減価償却累計額	49,800
（借）	貸倒引当金繰入額	460(*4)	（貸）　貸　倒　引　当　金	460
（借）	営　　業　　費	870	（貸）　未　払　営　業　費	870
（借）	支　払　利　息	6,750(*5)	（貸）　本　　　店	6,750

(*1)　A商品（手許17,100＋期末商品未達900）＋B商品@240×350個＝102,000

(*2)　500,000×0.9÷30年＝15,000

(*3)　(400,000－200,800)×0.25＝49,800

(*4)　(受取手形84,000＋売掛金54,000)×2％－前T/B 2,300＝460

(*5)　(本店前T/B 支払利息18,000＋見越4,500)×30％＝6,750

2．福岡支店

（借）	本　店　仕　入	74,400	（貸）　繰　越　商　品	74,400
（借）	繰　越　商　品	59,400(*1)	（貸）　本　店　仕　入	59,400
（借）	建物減価償却費	9,000(*2)	（貸）　建物減価償却累計額	9,000
（借）	備品減価償却費	10,500(*3)	（貸）　備品減価償却累計額	10,500
（借）	貸倒引当金繰入額	820(*4)	（貸）　貸　倒　引　当　金	820
（借）	営　　業　　費	260	（貸）　未　払　営　業　費	260
（借）	支　払　利　息	4,500(*5)	（貸）　本　　　店	4,500

(*1)　A商品23,400＋B商品@300×(手許100個＋期末商品未達20個)＝59,400

(注)　福岡支店において商品の仕入を記帳する勘定は「本店仕入」勘定のみなので，決算整理において「本店仕入」勘定を用いて売上原価を算定する。なお，帳簿上は照合勘定の相殺消去を行わないので，決算整理において「本店仕入」勘定を用いても問題はない。

(*2)　300,000×0.9÷30年＝9,000

(*3)　(150,000－108,000)×0.25＝10,500

(*4)　{受取手形48,000＋売掛金(福岡支店前T/B 72,000＋直接売上未達5,000)}×2％－前T/B 1,680＝820

(*5)　(本店前T/B 支払利息18,000＋見越4,500)×20％＝4,500

3．本　店

(借)	仕 入	312,000	(貸)	繰 越 商 品	312,000
(借)	繰 越 商 品	300,000	(貸)	仕 入	300,000
(借)	建 物 減 価 償 却 費	30,000(*1)	(貸)	建 物 減 価 償 却 累 計 額	30,000
(借)	備 品 減 価 償 却 費	90,800(*2)	(貸)	備 品 減 価 償 却 累 計 額	90,800
(借)	貸 倒 引 当 金 繰 入 額	6,868(*3)	(貸)	貸 倒 引 当 金	6,868
(借)	営 業 費	1,280	(貸)	未 払 営 業 費	1,280
(借)	支 払 利 息	4,500	(貸)	未 払 利 息	4,500
(借)	名 古 屋 支 店	6,750	(貸)	支 払 利 息	11,250
	福 岡 支 店	4,500			

(*1)　1,000,000×0.9÷30年＝30,000

(*2)　(900,000－536,800)×0.25＝90,800

(*3)　(受取手形264,000＋売掛金316,400)×2％－前T/B 4,740＝6,868

Ⅶ．決算整理後残高試算表

1．本　店

決算整理後残高試算表

×11年3月31日

現 金 預 金	317,940	支 払 手 形	198,800
受 取 手 形	264,000	買 掛 金	252,000
売 掛 金	316,400	未 払 営 業 費	1,280
繰 越 商 品	300,000	未 払 利 息	4,500
建 物	1,000,000	貸 倒 引 当 金	11,608
備 品	900,000	繰 延 内 部 利 益	18,300
土 地	1,000,000	長 期 借 入 金	600,000
名 古 屋 支 店	523,650	建 物 減 価 償 却 累 計 額	330,000
福 岡 支 店	348,900	備 品 減 価 償 却 累 計 額	627,600
仕 入	1,452,000	資 本 金	2,400,000
営 業 費	241,280	利 益 準 備 金	120,000
貸 倒 引 当 金 繰 入 額	6,868	繰 越 利 益 剰 余 金	364,000
建 物 減 価 償 却 費	30,000	売 上	1,326,000
備 品 減 価 償 却 費	90,800	名 古 屋 支 店 売 上	378,000
支 払 利 息	11,250	福 岡 支 店 売 上	171,000
	6,803,088		6,803,088

2．名古屋支店

決算整理後残高試算表
×11年3月31日

現 金 預 金	64,600	支 払 手 形	104,600
受 取 手 形	84,000	買 掛 金	88,000
売 掛 金	54,000	未 払 営 業 費	870
繰 越 商 品	102,000	貸 倒 引 当 金	2,760
建 物	500,000	建物減価償却累計額	206,600
備 品	400,000	備品減価償却累計額	250,600
仕 入	453,000	本 店	523,650
本 店 仕 入	378,000	売 上	808,000
営 業 費	117,470	本 店 売 上	240,000
貸 倒 引 当 金 繰 入 額	460		
建 物 減 価 償 却 費	15,000		
備 品 減 価 償 却 費	49,800		
支 払 利 息	6,750		
	2,225,080		2,225,080

3．福岡支店

決算整理後残高試算表
×11年3月31日

現 金 預 金	28,440	支 払 手 形	39,000
受 取 手 形	48,000	買 掛 金	42,000
売 掛 金	77,000	未 払 営 業 費	260
繰 越 商 品	59,400	貸 倒 引 当 金	2,500
建 物	300,000	建物減価償却累計額	94,000
備 品	150,000	備品減価償却累計額	118,500
本 店 仕 入	426,000	本 店	348,900
営 業 費	26,700	売 上	495,200
貸 倒 引 当 金 繰 入 額	820		
建 物 減 価 償 却 費	9,000		
備 品 減 価 償 却 費	10,500		
支 払 利 息	4,500		
	1,140,360		1,140,360

Ⅷ．決算振替仕訳（解答上，必要な仕訳のみ示す）

　1．内部利益の調整

（借）　繰　延　内　部　利　益	18,300	（貸）　繰　延　内　部　利　益　戻　入	18,300（*1）
（借）　繰　延　内　部　利　益　控　除	14,100（*2）	（貸）　繰　延　内　部　利　益	14,100

　　（*1）　本店前T/B 繰延内部利益より

　　（*2）　本店付加分6,900＋名古屋支店付加分7,200＝14,100

　2．法人税等の計上

（借）　法人税，住民税及び事業税	37,800	（貸）　未　払　法　人　税　等	37,800

Ⅸ．本支店合併損益計算書及び貸借対照表における数値の算定

　1．損益計算書

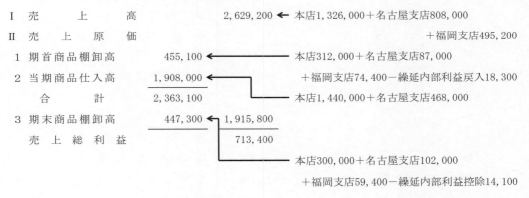

損　益　計　算　書

自×10年4月1日　至×11年3月31日

Ⅰ　売　　上　　高		2,629,200	←	本店1,326,000＋名古屋支店808,000
Ⅱ　売　上　原　価				＋福岡支店495,200
1　期首商品棚卸高	455,100	←		本店312,000＋名古屋支店87,000
2　当期商品仕入高	1,908,000	←		＋福岡支店74,400－繰延内部利益戻入18,300
合　　　計	2,363,100			本店1,440,000＋名古屋支店468,000
3　期末商品棚卸高	447,300	← 1,915,800		
売　上　総　利　益		713,400		

　　　　　　　　　　　　本店300,000＋名古屋支店102,000

　　　　　　　　　　　　＋福岡支店59,400－繰延内部利益控除14,100

　2．貸借対照表

商　　　　　品	447,300	←	本店300,000＋名古屋支店102,000

　　　　　　　　　　　　＋福岡支店59,400－繰延内部利益14,100

商品の販売を営むTAC株式会社は，日本に本店，米国に支店を有している。そこで，TAC社の当期（自×10年4月1日　至×11年3月31日）における下記の〔資料〕を参照して，以下の各問に答えなさい。なお，法人税等については無視すること。

問1 答案用紙に示した支店の邦貨建損益計算書及び貸借対照表を完成させなさい。

問2 答案用紙に示した本支店合併損益計算書を完成させなさい。

〔資料Ⅰ〕　本店の決算整理後残高試算表

決算整理後残高試算表
×11年3月31日　　　　　　　　　　　　（単位：千円）

借方	金額	貸方	金額
現　金　預　金	482,670	買　　掛　　金	650,000
売　　掛　　金	750,000	未　払　利　息	5,050
繰　越　商　品	354,000	貸　倒　引　当　金	15,000
前　払　営　業　費	18,000	繰　延　内　部　利　益	4,620
建　　　　　物	1,200,000	長　期　借　入　金	340,000
備　　　　　品	600,000	建物減価償却累計額	492,000
土　　　　　地	1,100,000	備品減価償却累計額	450,000
長　期　貸　付　金	300,000	資　　本　　金	2,500,000
支　　　　　店	803,030	利　益　準　備　金	450,000
仕　　　　　入	3,546,870	繰　越　利　益　剰　余　金	150,000
営　　業　　費	1,172,140	売　　　　　上	3,680,000
貸倒引当金繰入額	6,460	支　店　売　上	1,532,400
建　物　減　価　償　却　費	21,600	受　取　利　息	12,000
備　品　減　価　償　却　費	50,000	為　替　差　損　益	144,000
支　払　利　息	20,300		
	10,425,070		10,425,070

（注）本店の期首商品棚卸高は 355,660千円である。

〔**資料Ⅱ**〕 支店の決算整理前残高試算表

決算整理前残高試算表

×11年3月31日 （単位：千ドル）

現 金 預 金	1,714	買 掛 金	4,640
売 掛 金	5,500	貸 倒 引 当 金	100
繰 越 商 品	805	借 入 金	3,900
建 物	9,500	建 物 減 価 償 却 累 計 額	1,377
備 品	2,880	備 品 減 価 償 却 累 計 額	1,260
仕 入	11,650	本 店	7,004
本 店 仕 入	12,770	売 上	30,500
営 業 費	3,900	受 取 利 息	40
支 払 利 息	102		
	48,821		48,821

〔**資料Ⅲ**〕 支店の決算整理事項等

1．現金預金

〔**資料Ⅱ**〕の現金預金に含まれる定期預金の内訳は次のとおりである。なお，〔**資料Ⅱ**〕の受取利息はすべて当該定期預金に係るものである。

預 入 日	金 額	預入日レート	利払日	預入期間
×8年4月1日	880千ドル	$1＝¥120	3月末	4年
×10年4月1日	500千ドル	$1＝¥122	3月末	3年

2．商品

(1) 支店は本店から送付された商品を現地で販売するとともに，現地においても商品を仕入れ，販売している。

(2) 期首及び期末の商品棚卸高は次のとおりである。なお，棚卸減耗は生じていない。

	現地仕入分		本店仕入分	
	金 額	仕入日レート	金 額	仕入日レート
期 首	420千ドル	$1＝¥123	385千ドル	$1＝¥120
期 末	600千ドル	$1＝¥112	380千ドル	$1＝¥114

また，本店仕入分には内部利益が含まれており，円換算後の10%の金額を内部利益として控除する。

3．有形固定資産

〔資料Ⅱ〕の建物及び備品の内訳は以下のとおりである。

種　類	取得原価	償却方法	残存価額	取　得　日	取得日レート
建　物	5,000千ドル	定額法（耐用年数50年）	10%	×1年4月1日	$1＝¥ 125
	4,500千ドル	定額法（耐用年数50年）	10%	×3年4月1日	$1＝¥ 115
備　品	2,880千ドル	定率法（年償却率25%）	10%	×8年4月1日	$1＝¥ 120

4．借入金

〔資料Ⅱ〕の借入金の内訳は次のとおりである。なお，〔資料Ⅱ〕の支払利息はすべて当該借入金に係るものである。

借　入　日	金　額	借入日レート	利払日	年利率	借入期間
×9年10月1日	1,500千ドル	$1＝¥ 121	9月末	4％	3年
×10年4月1日	2,400千ドル	$1＝¥ 122	3月末	3％	2年

5．貸倒引当金

売掛金期末残高に対して，2％の貸倒引当金を差額補充法により設定する。なお，貸倒引当金繰入額は当期末のレートで換算すること。

〔資料Ⅳ〕　支店の邦貨建財務諸表作成に関する留意事項

1．参照すべき円とドルの交換レートは次のとおりである。

×10年3月31日：$1＝¥ 120

×10年9月30日：$1＝¥ 118

×11年3月31日：$1＝¥ 110

当期期中平均レート：$1＝¥ 115

2．外部売上高，外部仕入高及び営業費については，期中平均レートにより換算する。

【MEMO】

【解答】

問1

支店損益計算書

自×10年4月1日　至×11年3月31日　　　　（単位：千円）

期 首 商 品 棚 卸 高	（★　　　97,860）	売　　　　上　　　　高	（　　3,507,500）
当 期 商 品 仕 入 高	（　　1,339,750）	期 末 商 品 棚 卸 高	（　　　110,520）
本 店 仕 入 高	（★　1,532,400）	受　　取　　利　　息	（　　　　4,400）
営　　　　業　　　　費	（　　　448,500）	（為　替　差　益）	（★　　128,565）
貸 倒 引 当 金 繰 入 額	（★　　　1,100）		
建 物 減 価 償 却 費	（★　　　20,565）		
備 品 減 価 償 却 費	（★　　　48,600）		
支　　払　　利　　息	（★　　　14,700）		
当　期　純　利　益	（　　　247,510）		
	（　　3,750,985）		（　　3,750,985）

支店貸借対照表

×11年3月31日　　　　（単位：千円）

現 金 及 び 預 金	（　　　133,540）	買　　　掛　　　金	（　　　510,400）
売　　　掛　　　金	（★　　605,000）	短 期 借 入 金	（　　　264,000）
貸 倒 引 当 金	（△　　12,100）	（未　払　費　用）	（★　　　3,300）
商　　　　　　　品	（★　　110,520）	（長 期 借 入 金）	（★　　165,000）
建　　　　　　　物	（★　1,142,500）	（本　　　　　店）	（★　　803,030）
減 価 償 却 累 計 額	（△　　187,020）	当　期　純　利　益	（★　　247,510）
備　　　　　　　品	（　　　345,600）		
減 価 償 却 累 計 額	（△　　199,800）		
（長　期　性　預　金）	（★　　　55,000）		
	（　　1,993,240）		（　　1,993,240）

問2

本支店合併損益計算書

自×10年4月1日　至×11年3月31日　　　　　　　（単位：千円）

期 首 商 品 棚 卸 高	（★　　448,900）	売　　　　上　　　　高	（　　7,187,500）
当 期 商 品 仕 入 高	（★　4,884,960）	期 末 商 品 棚 卸 高	（★　　460,188）
営　　　　業　　　　費	（　　1,620,640）	受　　取　　利　　息	（　　　16,400）
貸 倒 引 当 金 繰 入 額	（　　　　7,560）	（為　　替　　差　　益）	（★　　272,565）
建 物 減 価 償 却 費	（　　　42,165）		
備 品 減 価 償 却 費	（　　　98,600）		
支　　払　　利　　息	（　　　35,000）		
当　期　純　利　益	（★　　798,828）		
	（　　7,936,653）		（　　7,936,653）

【採点基準】

★5点×20箇所＝100点

【解答時間及び得点】

	日　付	解答時間	得　点	Ｍ　Ｅ　Ｍ　Ｏ
1	／	分	点	
2	／	分	点	
3	／	分	点	
4	／	分	点	
5	／	分	点	

【チェック・ポイント】

出題分野	出題論点	日　付				
		／	／	／	／	／
本 支 店 会 計	在 外 支 店 の 財 務 諸 表 項 目 の 換 算					

【解答への道】

Ⅰ．支店の決算整理仕訳（単位：千ドル）

1．現金預金

（借）長 期 性 預 金	500	（貸）現 金 預 金	500

2．商品

（借）仕　　　　　入	805	（貸）繰 越 商 品	805
（借）繰 越 商 品	980(*1)	（貸）仕　　　　　入	980

(*1)　現地仕入分600＋本店仕入分380＝980

3．有形固定資産

（借）建 物 減 価 償 却 費	171(*1)	（貸）建物減価償却累計額	171
（借）備 品 減 価 償 却 費	405(*2)	（貸）備品減価償却累計額	405

(*1)　$5,000 \times 0.9 \div 50年 + 4,500 \times 0.9 \div 50年 = 171$

(*2)　$(2,880 - 1,260) \times 25\% = 405$

4．借入金

（借）借　　入　　金	3,900	（貸）短 期 借 入 金	2,400
		長 期 借 入 金	1,500
（借）支 払 利 息	30	（貸）未 払 利 息	30(*1)

(*1)　$1,500 \times 4\% \times \dfrac{6ヶ月}{12ヶ月} = 30$

5．貸倒引当金

（借）貸 倒 引 当 金 繰 入 額	10(*1)	（貸）貸 倒 引 当 金	10

(*1)　$5,500 \times 2\% - 前T/B 貸倒引当金100 = 10$

Ⅱ．支店の決算整理後残高試算表

決算整理後残高試算表

×11年3月31日 　　　　　　　　　　　　　　　（単位：千ドル）

現 金 預 金	1,214	買 掛 金	4,640
売 掛 金	5,500	短 期 借 入 金	2,400
繰 越 商 品	980	未 払 利 息	30
建 物	9,500	貸 倒 引 当 金	110
備 品	2,880	長 期 借 入 金	1,500
長 期 性 預 金	500	建物減価償却累計額	1,548
仕 入	11,475	備品減価償却累計額	1,665
本 店 仕 入	12,770	本 店	7,004
営 業 費	3,900	売 上	30,500
貸 倒 引 当 金 繰 入 額	10	受 取 利 息	40
建 物 減 価 償 却 費	171		
備 品 減 価 償 却 費	405		
支 払 利 息	132		
	49,437		49,437

—46—

Ⅲ．支店の財務諸表項目の換算（外貨の単位：千ドル，為替相場の単位：円／ドル，円貨の単位：千円）

1．貸借対照表

借方項目	外　貨	為替相場	円　貨	貸方項目	外　貨	為替相場	円　貨
現金及び預金	1,214	110	133,540	買　掛　金	4,640	110	510,400
売　掛　金	5,500	110	605,000	短期借入金	2,400	110	264,000
貸倒引当金	△ 110	110	△ 12,100	未 払 費 用	30	110	3,300
商　　　品	980	―	110,520	長期借入金	1,500	110	165,000
建　　　物	9,500	―	1,142,500	本　　店	7,004	―	803,030
減価償却累計額	△ 1,548	―	△ 187,020	当期純利益	∴ 1,677	―	∴ 247,510
備　　　品	2,880	120	345,600				
減価償却累計額	△ 1,665	120	△ 199,800				
長期性預金	500	110	55,000				
合　　　計	17,251	―	1,993,240	合　　　計	17,251	―	1,993,240

（注）商　　　　品：現地仕入分(600千ドル×112円／ドル)

　　　　　　　　　　　　　　　　＋本店仕入分(380千ドル×114円／ドル)＝110,520

　　　建　　　　物：5,000千ドル×125円／ドル＋4,500千ドル×115円／ドル＝1,142,500

　　　減価償却累計額：$5,000千ドル×0.9×\dfrac{10年(X1.4〜X11.3)}{50年}×125円／ドル$

　　　　　　　　　　　　　　$＋4,500千ドル×0.9×\dfrac{8年(X3.4〜X11.3)}{50年}×115円／ドル＝187,020$

　　　本　　　　店：本店の決算整理後残高試算表における支店勘定より

　　　当 期 純 利 益：貸借差額

2．損益計算書

借方項目	外 貨	為替相場	円 貨	貸方項目	外 貨	為替相場	円 貨
期首商品棚卸高	805	—	97,860	売 上 高	30,500	115	3,507,500
当期商品仕入高	11,650	115	1,339,750	期末商品棚卸高	980	—	110,520
本 店 仕 入	12,770	—	1,532,400	受 取 利 息	40	110	4,400
営 業 費	3,900	115	448,500	為 替 差 益	—	—	∴ 128,565
貸倒引当金繰入額	10	110	1,100				
建物減価償却費	171	—	20,565				
備品減価償却費	405	120	48,600				
支 払 利 息	132	—	14,700				
当 期 純 利 益	1,677	—	247,510				
合　　計	31,520	—	3,750,985	合　　計	31,520	—	3,750,985

(注)　期首商品棚卸高：現地仕入分(420千ドル×123円／ドル)＋本店仕入分(385千ドル×120円／ドル)

$$=97,860$$

　　本　店　仕　入：本店の決算整理後残高試算表における支店売上勘定より

　　建物減価償却費：5,000千ドル×0.9÷50年×125円／ドル

$$+4,500千ドル×0.9÷50年×115円／ドル＝20,565$$

　　支　払　利　息：当期支払分(1,500千ドル×4％×118円／ドル＋2,400千ドル×3％×110円／ドル)

$$-再振替分(1,500千ドル×4％×\frac{6ヶ月}{12ヶ月}×前期CR120円／ドル)$$

$$+未払利息分(1,500千ドル×4％×\frac{6ヶ月}{12ヶ月}×110円／ドル)＝14,700$$

　　当　期　純　利　益：貸借対照表より

　　期末商品棚卸高：現地仕入分(600千ドル×112円／ドル)

$$+本店仕入分(380千ドル×114円／ドル)＝110,520$$

　　受　取　利　息：×11年3月31日に計上しているため，当該日のレート 110円／ドルにより換算する。

　　為　替　差　益：貸借差額

（参　考）在外支店の財務諸表項目の換算

1．原　則

　　　在外支店の財務諸表項目の換算は，原則として，**本店における外貨建取引の換算と同様に換算する**。在外支店の財務諸表項目は本店が作成する公表用財務諸表の構成要素となるため，本店の外貨建項目の換算方法と整合させる必要があるためである（本国主義）。

　　　ただし，外国通貨で表示されている棚卸資産について，時価（正味売却価額）で評価されている場合には，**外国通貨による時価（正味売却価額）を決算時の為替相場（ＣＲ）で換算する。**

2．例　外

(1) 収益及び費用の換算の特例

　　　収益及び費用（収益性負債の収益化額(*1)，費用性資産の費用化額(*2)を除く）は，**期中平均為替相場（ＡＲ）で換算することができる。**

(*1) 収益性負債の収益化とは，例えば，前受金から売上に振り替える場合や，前受収益から受取利息に振り替える場合である。なお，これらは**発生時の為替相場（ＨＲ）**により換算する。

(*2) 費用性資産の費用化とは，例えば，棚卸資産や前渡金（前払金）から売上原価に振り替える場合や，有形固定資産について減価償却費を計上する場合である。なお，これらは**発生時の為替相場（ＨＲ）**により換算する。

(2) 外貨表示財務諸表項目の換算の特例

　　　在外支店の外国通貨で表示された財務諸表項目の換算にあたり，非貨幣項目(*3)の額に重要性がない場合には，**すべての貸借対照表項目（支店における本店勘定等を除く）について決算時の為替相場（ＣＲ）で換算することができる。**この場合，**損益項目についても決算時の為替相場（ＣＲ）で換算することができる。**

(*3) 非貨幣項目とは，貨幣項目以外の資産及び負債であり，例えば，棚卸資産や有形固定資産がある。

３．換算手順

(1) 図 示

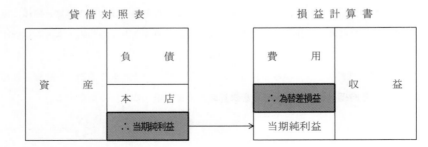

(2) 貸借対照表の換算

① 資産及び負債をそれぞれ適用される為替相場で換算する。

　　なお，貸倒引当金は対象債権の換算為替相場（通常，ＣＲ）で，減価償却累計額は対象有形固定資産の換算為替相場（ＨＲ）で換算する。

② 本店勘定は個々の本支店間取引について，取引発生時の為替相場（ＨＲ）により換算する。なお，当該金額は未達取引を考慮した後の「本店における支店勘定の金額」と同額になるので，当該金額が与えられている場合にはその金額を支店における本店勘定の円換算額とする。

③ 円換算後貸借対照表の貸借差額により「当期純利益」を算定する。

貸 借 対 照 表

項　　目	外貨	為替相場	円　貨	項　　目	外貨	為替相場	円　貨
現金及び預金	××	ＣＲ	××	買　掛　金	××	ＣＲ	××
売　掛　金	××	ＣＲ	××	借　入　金	××	ＣＲ	××
商　　品	××	ＨＲ	××	：	：	：	：
有形固定資産	××	ＨＲ	××	**本　　　店**	××	—	××
：	：	：		**当 期 純 利 益**	××	—	∴××
合　計	××	—	××	合　計	××	—	××

(3) 損益計算書の換算

①　貸借対照表で算定した当期純利益を，そのまま損益計算書の当期純利益に移記する。

②　収益及び費用をそれぞれ適用される為替相場で換算する。

なお，貸倒引当金繰入額は対象債権の換算為替相場（通常，CR）で，減価償却費は対象有形固定資産の換算為替相場（HR）で換算する。また，受験上，差額補充法が出題された場合には問題文の指示に従うこと。

③　本店仕入勘定は個々の本支店間取引について，取引発生時の為替相場により換算する。なお，当該金額は未達取引を考慮した後の「本店における支店売上勘定の金額」と同額になるので，当該金額が与えられている場合にはその金額を支店における本店仕入勘定の円換算額とする。

また，本店売上勘定も同様に，未達取引を考慮した後の「本店における支店仕入勘定の金額」を支店における本店売上勘定の円換算額とする。

④　円換算後損益計算書の貸借差額により「為替差損益」を算定し，損益計算書上**「営業外損益」**に計上する。

損　益　計　算　書

項　　目	外貨	為替相場	円　貨	項　　目	外貨	為替相場	円　貨
期首商品棚卸高	××	HR	××	売　　上　　高	××	HRorAR	××
当期商品仕入高	××	HRorAR	××	期末商品棚卸高	××	HR	××
本　店　仕　入	××	—	××	本　店　売　上	××	—	××
⋮	⋮	⋮	⋮	⋮	⋮	⋮	⋮
為　替　差　損　益	—	—	∴××				
⋮	⋮	⋮	⋮				
当　期　純　利　益	××	—	××				
合　　　　計	××	—	××	合　　　　計	××	—	××

Ⅳ．合併整理仕訳（単位：千円）

1．照合勘定の相殺

(借)	本 店	803,030	(貸)	支 店	803,030
(借)	支 店 売 上	1,532,400	(貸)	本 店 仕 入	1,532,400

2．内部利益の調整

(借)	繰 延 内 部 利 益	4,620	(貸)	繰 延 内 部 利 益 戻 入	4,620
(借)	繰 延 内 部 利 益 控 除	4,332(*1)	(貸)	繰 延 内 部 利 益	4,332

(*1) 期末商品本店仕入分380千ドル×114円／ドル×10％＝4,332

Ⅴ．本支店合併損益計算書上の数値（単位：千円）

期首商品棚卸高：本店355,660＋支店97,860－繰延内部利益戻入4,620＝448,900

当期商品仕入高：本店3,545,210(*1)＋支店1,339,750＝4,884,960

期末商品棚卸高：本店354,000＋支店110,520－繰延内部利益控除4,332＝460,188

(*1) 後T/B 仕入3,546,870＋期末商品354,000－期首商品355,660＝3,545,210

【MEMO】

単一製品の製造及び販売を営むTAC株式会社の当期（×10年4月1日から×11年3月31日まで）に関する下記の〔**資料**〕を参照して，答案用紙に示されている製造原価報告書及び損益計算書を完成させなさい。なお，当社は原価計算制度を採用していない。

〔**資料Ⅰ**〕　決算整理前残高試算表

決算整理前残高試算表

×11年3月31日　　　　　　　　　　　　　　　（単位：千円）

現　金　預　金	144,900	買　　掛　　金	149,000
売　　　掛　　　金	310,000	貸　倒　引　当　金	6,100
繰　越　製　品	224,000	建物減価償却累計額	264,000
繰　越　仕　掛　品	132,000	備品減価償却累計額	87,500
繰　越　材　料	82,100	資　　本　　金	950,000
建　　　　　物	800,000	繰　越　利　益　剰　余　金	531,940
備　　　　　品	200,000	売　　　　　上	1,725,000
土　　　　　地	400,000		
材　料　仕　入	533,600		
賃　金　給　料	559,000		
製　造　経　費	93,940		
営　　業　　費	234,000		
	3,713,540		3,713,540

〔**資料Ⅱ**〕　決算整理事項等

1．期末材料は以下のとおりである。なお，棚卸減耗のうち20%は原価性がないと判断された。

　　　期末材料帳簿棚卸高　　90,900千円

　　　期末材料実地棚卸高　　90,700千円

2．期末仕掛品及び期末製品は毎期，完成度換算法（先入先出法）によって評価している。なお，材料は工程の始点ですべて投入している。

　　(1) 仕掛品

　　　　期首仕掛品：　　300個（加工進捗度80%）

　　　　　　　　　　　材料費：90,000千円　　　加工費：42,000千円

　　　　当 期 投 入：　　800個

　　　　完 成 品：　1,000個

　　　　期末仕掛品：　　100個（加工進捗度60%）

　　(2) 製　品

　　　　期 首 製 品：　　200個

　　　　期 末 製 品：　　150個

3．売掛金の期末残高に対して2％の貸倒引当金を差額補充法により設定する。

4．減価償却

種　　類	償却方法	残存価額	耐用年数	年償却率	備　　　　　考
建　　物	定 額 法	10％	30年	—	製造部門の負担割合は80％である。
備　　品	定 率 法	10％	8年	0.25	製造部門の負担割合は80％である。

5．賃金給料30,000千円を見越計上する。なお，賃金給料のうち 389,000千円は製造部門で発生した。

6．法人税等については無視すること。

【解 答】

製 造 原 価 報 告 書 （単位：千円）

自×10年4月1日　至×11年3月31日

I　材　料　費
1　期首材料棚卸高（　　82,100　）
2　当期材料仕入高（　533,600　）
　　　合　　　計　（　615,700　）
3　期末材料棚卸高（★　90,900　）
　　　当 期 材 料 費　　　（　524,800　）
II　労　務　費
1　賃　金　給　料（　389,000　）
　　　当 期 労 務 費　　　（　389,000　）
III　経　　　費
1　製 造 経 費（★　93,940　）
2　建物減価償却費（★　19,200　）
3　備品減価償却費（　22,500　）
4　材料棚卸減耗費（　　　160　）
　　　当 期 経 費　　　（　135,800　）
　　　当 期 総 製 造 費 用　（　1,049,600　）
　　　期首仕掛品棚卸高　（　132,000　）
　　　合　　　計　　　（　1,181,600　）
　　　期末仕掛品棚卸高　（★　104,000　）
　　　当 期 製 品 製 造 原 価　（　1,077,600　）

損 益 計 算 書 （単位：千円）

自×10年4月1日　至×11年3月31日

I　売　　上　　高　　　　（　1,725,000　）
II　売　上　原　価
1　期首製品棚卸高（　224,000　）
2　当期製品製造原価（★1,077,600　）
　　　合　　　計　（　1,301,600　）
3　期末製品棚卸高（★　161,640　）（　1,139,960　）
　　　売 上 総 利 益　　　（　585,040　）
III　販売費及び一般管理費
1　営　　業　　費（　234,000　）
2　賃　金　給　料（★　200,000　）
3　貸倒引当金繰入額（★　　100　）
4　建物減価償却費（　　4,800　）
5　備品減価償却費（★　5,625　）（　444,525　）
　　　営　業　利　益　　　（　140,515　）
IV　特　別　損　失
1　材料棚卸減耗損（★　　40　）（　　40　）
　　　当 期 純 利 益　　　（　140,475　）

【採点基準】

　★10点×10箇所＝100点

【解答時間及び得点】

	日　付	解答時間	得　点	Ｍ　Ｅ　Ｍ　Ｏ
1	／	分	点	
2	／	分	点	
3	／	分	点	
4	／	分	点	
5	／	分	点	

【チェック・ポイント】

出題分野	出題論点	日　付				
		／	／	／	／	／
製　造　業　会　計	完　成　度　換　算　法					

Ⅰ．決算整理仕訳

1．材　料

　(1) 当期材料費の算定

（借）	材　料　仕　入	82,100	（貸）	繰　越　材　料	82,100
（借）	繰　越　材　料	90,900	（貸）	材　料　仕　入	90,900

材　　料

期　首	82,100	当期材料費	
当期仕入			∴ 524,800
	533,600	期　末	90,900

　(2) 材料棚卸減耗

（借）	材 料 棚 卸 減 耗 費 （C/R 経　　　　費）	160(*1)	（貸）	繰　越　材　料	200
	材 料 棚 卸 減 耗 損 （P/L 特　別　損　失）	40(*2)			

(*1) （期末帳簿棚卸高90,900－期末実地棚卸高90,700）×80％＝160

(*2) （期末帳簿棚卸高90,900－期末実地棚卸高90,700）×20％＝40

(注)　材料棚卸減耗について，原価性のある場合はC/R 経費，原価性のない場合はP/L 営業外費用又は特別
　　　損失として処理される。

2．貸倒引当金

（借）	貸 倒 引 当 金 繰 入 額	100(*1)	（貸）	貸　倒　引　当　金	100

(*1)　売掛金310,000×2％－前T/B 貸倒引当金6,100＝100

3．減価償却

（借）	建 物 減 価 償 却 費	24,000(*1)	（貸）	建 物 減 価 償 却 累 計 額	24,000
（借）	備 品 減 価 償 却 費	28,125(*2)	（貸）	備 品 減 価 償 却 累 計 額	28,125

(*1)　800,000×0.9÷30年＝24,000

(*2)　（200,000－87,500）×0.25＝28,125

4．損益の見越

（借）	賃　金　給　料	30,000	（貸）	未 払 賃 金 給 料	30,000

（参考１）製造原価要素について（『原価計算基準』８）

製造原価要素は形態別に材料費，労務費及び経費に分類する。

１．材料費

材料費とは，物品の消費によって生ずる原価である。

①素材費（又は原材料費），②買入部品費，③燃料費，④工場消耗品費，⑤消耗工具器具備品費等

２．労務費

労務費とは，労働用役の消費によって生ずる原価である。

①賃金（基本給のほか割増賃金を含む），②給料，③雑給，④従業員賞与手当，⑤退職給付費用，

⑥福利費（健康保険料負担金等）等

３．経費

経費とは，材料費及び労務費以外の原価要素をいう。

①減価償却費，②棚卸減耗費（原価性のある場合），③福利施設負担額，④賃借料，⑤修繕費，

⑥電力料，⑦旅費交通費等

５．製造原価の算定

（借）製 造	1,049,600	（貸）材 料 仕 入	524,800
		賃 金 給 料	389,000
		製 造 経 費	93,940
		建 物 減 価 償 却 費	19,200(*1)
		備 品 減 価 償 却 費	22,500(*2)
		材 料 棚 卸 減 耗 費	160
（借）製 造	132,000	（貸）繰 越 仕 掛 品	132,000
（借）繰 越 仕 掛 品	104,000(*3)	（貸）製 造	104,000

(*1) 24,000×80％＝19,200

(*2) 28,125×80％＝22,500

(*3) 後述（Ⅱ．参照）

(注) 費用の配分

費 目	合 計	製 造 分(C/R)	販 売 分(P/L)
賃 金 給 料	589,000	389,000	200,000
建物減価償却費	24,000	19,200(*1)	4,800
備品減価償却費	28,125	22,500(*2)	5,625
材料棚卸減耗費	200	160	40

６．売上原価の算定

（借）製	品	1,077,600	（貸）製		造	1,077,600
（借）製	品	224,000	（貸）繰 越 製		品	224,000
（借）繰 越 製 品		161,640（*1）	（貸）製		品	161,640
（借）製 品 売 上 原 価		1,139,960（*1）	（貸）製		品	1,139,960

（*1） 後述（Ⅱ．参照）

Ⅱ．期末仕掛品及び期末製品の算定

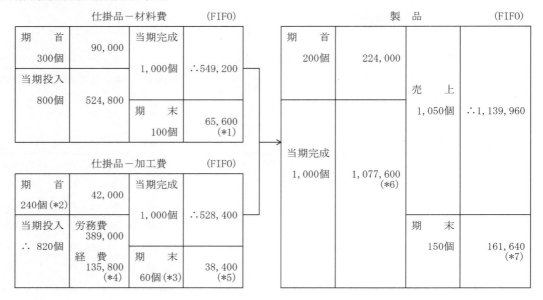

（*1） $524,800 \times \dfrac{100個}{800個} = 65,600$

（*2） 期首仕掛品300個×加工進捗度80％＝240個

（*3） 期末仕掛品100個×加工進捗度60％＝60個

（*4） 製造経費93,940＋建物減価償却費19,200＋備品減価償却費22,500＋材料棚卸減耗費160＝135,800

（*5） $(389,000＋135,800（*4)) \times \dfrac{60個（*3）}{820個} = 38,400$

（*6） 材料費549,200＋加工費528,400＝1,077,600

（*7） $1,077,600（*6) \times \dfrac{150個}{1,000個} = 161,640$

　◎　期末仕掛品：65,600（*1）＋38,400（*5）＝104,000

　◎　期末製品：161,640（*7）

Ⅲ. 決算整理後残高試算表

決算整理後残高試算表
×11年3月31日

現 金 預 金	144,900	買 掛 金	149,000
売 掛 金	310,000	未 払 賃 金 給 料	30,000
繰 越 製 品	161,640	貸 倒 引 当 金	6,200
繰 越 仕 掛 品	104,000	建物減価償却累計額	288,000
繰 越 材 料	90,700	備品減価償却累計額	115,625
建 物	800,000	資 本 金	950,000
備 品	200,000	繰 越 利 益 剰 余 金	531,940
土 地	400,000	売 上	1,725,000
製 品 売 上 原 価	1,139,960		
営 業 費	234,000		
賃 金 給 料	200,000		
貸 倒 引 当 金 繰 入 額	100		
建 物 減 価 償 却 費	4,800		
備 品 減 価 償 却 費	5,625		
材 料 棚 卸 減 耗 損	40		
	3,795,765		3,795,765

建設業を営むＴＡＣ建設の当事業年度（自×11年1月1日　至×11年12月31日）における下記の〔**資料**〕を参照して，以下の各問に答えなさい。

問1　答案用紙に示した完成工事原価報告書，損益計算書及び貸借対照表を完成させなさい。

問2　答案用紙に示した完成工事未収入金について，前期末繰越試算表上の金額を答えなさい。なお，前期以前に完成した工事に関する完成工事未収入金はない。

問3　仮に，〔**資料Ⅱ**〕3．における（注）が以下のとおりであった場合において，当期貸借対照表に計上される「工事損失引当金」の金額を答えなさい。

　　（注）Ｂ工事について資材価格高騰のため，当期末に見積工事原価総額を 1,512,500千円に変更する。

〔**資料Ⅰ**〕　決算整理前残高試算表

決算整理前残高試算表
×11年12月31日　　　　　　　　　　　　　　　　（単位：千円）

現 金 預 金	243,710	工 事 未 払 金	169,000
完 成 工 事 未 収 入 金	130,000	短 期 借 入 金	301,000
未 成 工 事 支 出 金	1,066,475	未 成 工 事 受 入 金	966,000
建 物	650,000	建 物 減 価 償 却 累 計 額	161,000
機 械 装 置	520,000	機械装置減価償却累計額	130,000
備 品	225,000	備 品 減 価 償 却 累 計 額	90,000
土 地 （ 　　　 ）		資 本 金	1,500,000
営 業 費	139,265	資 本 準 備 金	262,000
給 料	195,060	利 益 準 備 金	100,000
支 払 利 息	6,020	繰 越 利 益 剰 余 金	60,650
		完 成 工 事 高 （ 　　　 ）	
		受 取 利 息	1,000
（ 　　　 ）		（ 　　　 ）	

（注）未成工事支出金の内訳は材料費が 580,221千円（未使用高を含む），労務費が 326,360千円，経費が 159,894千円である。

〔資料Ⅱ〕　請負工事の明細等

1．前期及び当期に甲社（A工事）及び丙社（B工事及びC工事）から受注を受けている。

　(1) A工事に関しては×10年4月7日に工事を開始し，×11年11月30日に工事が完成した。なお，完成した物件は甲社に引渡済である。

　(2) B工事に関しては×10年7月21日に工事を開始し，×13年6月30日に工事が完成する予定である。

　(3) C工事に関しては×11年10月2日に工事を開始し，×13年9月20日に工事が完成する予定である。

2．上記の工事はすべて，履行義務の充足に係る進捗度を合理的に見積ることが可能である（工事進捗度は原価比例法により算定）。

3．契約価額，見積工事原価総額，前期の工事代金入金状況及び前期の工事原価発生状況は次のとおりである。

（単位：千円）

	A 工 事	B 工 事	C 工 事	合 計
契　約　価　額	1,150,000	1,400,000	1,400,000	3,950,000
見積工事原価総額	828,000	941,400	1,000,000	2,769,400
前期工事代金入金額	520,000	300,000	―	820,000
前期工事原価発生額	496,800	244,764	―	741,564
材　料　費	268,450	102,382	―	370,832
労　務　費	83,400	53,200	―	136,600
外　注　費	72,100	45,300	―	117,400
経　　　費	72,850	43,882	―	116,732

（注）B工事に関しては資材価格高騰のため，当期末に契約価額及び見積工事原価総額を 1,690,000千円及び 1,210,000千円にそれぞれ変更する。

4．当期の工事代金入金状況及び工事原価発生状況は次のとおりである。

(1) 工事代金入金状況 （単位：千円）

	Ａ 工 事	Ｂ 工 事	Ｃ 工 事	合 計
当期工事代金入金額	500,000	580,000	450,000	1,530,000

(2) 工事原価発生状況（決算整理事項を除く） （単位：千円）

	Ａ 工 事	Ｂ 工 事	Ｃ 工 事	合 計
当期工事原価発生額	（ ）	（ ）	（ ）	（ ）
直接材料費	129,950	168,000	152,000	449,950
直接労務費	58,600	74,850	67,200	200,650
直 接 経 費	52,554	54,363	50,144	157,061
間接材料費	（ ）	（ ）	（ ）	80,991
間接労務費	（ ）	（ ）	（ ）	125,710
間 接 経 費	（ ）	（ ）	（ ）	2,833

（注）直接経費はすべて外注費である。

5．間接費（決算整理事項を含む）の配賦計算は次のとおり行う。

間接材料費： Ａ：23,391千円　　Ｂ：30,240千円　　Ｃ：　？

間接労務費： Ａ：37,710千円　　Ｂ：　？　　　　　Ｃ：43,840千円

間 接 経 費： Ａ：　？　　　　　Ｂ：44,713千円　　Ｃ：39,456千円

〔資料Ⅲ〕　決算整理事項等

1．材　料

期末帳簿棚卸高：49,280千円

期末実地棚卸高：44,280千円

期首において材料の在庫はなかった。なお，棚卸減耗費のうち40％については原価性が認められるので，工事原価（間接費）に算入する。

2．有形固定資産

減価償却を次のとおり行う。

種　　　類	償却方法	耐用年数	年償却率	残存価額	工事原価算入割合
建　　　物	定 額 法	30年	—	10%	45%（間接費）
機 械 装 置	定 率 法	8年	0.25	10%	100%（間接費）
備　　　品	定 額 法	9年	—	10%	40%（間接費）

3．引当金

完成工事未収入金期末残高に対して毎期2％の貸倒引当金を設定している。

4．経過勘定

見　越：賃　　金 4,410千円（間接費），給　　料 1,890千円，営 業 費 2,560千円

繰　延：工事経費 2,000千円（間接費）

5．法人税，住民税及び事業税

法人税，住民税及び事業税として13,370千円を計上する。

【解　答】

問1 (単位：千円)

完成工事原価報告書

自×11年1月1日　至×11年12月31日

I	(材　　料　　費)	(★	530,941)
II	(労　　務　　費)	(★	330,770)
III	(外　　注　　費)	(★	157,061)
IV	(経　　　　　費)	(★	118,108)
	(完 成 工 事 原 価)	(	1,136,880)

損　益　計　算　書

自×11年1月1日　至×11年12月31日

I	(完 成 工 事 高)		(★1,557,500)	
II	(完 成 工 事 原 価)		(★1,136,880)	
	(完 成 工 事 総 利 益)		(420,620)	
III	販売費及び一般管理費			
1	営　　業　　費	(★ 141,825)		
2	給　　　　　料	(196,950)		
3	貸 倒 引 当 金 繰 入 額	(5,230)		
4	建 物 減 価 償 却 費	(10,725)		
5	備 品 減 価 償 却 費	(13,500)	(368,230)	
	営　　業　　利　　益		(52,390)	
IV	営 業 外 収 益			
1	受 取 利 息	(1,000)	(1,000)	
V	営 業 外 費 用			
1	支 払 利 息	(6,020)	(6,020)	
	経　常　利　益		(47,370)	
VI	特　別　損　失			
1	(材 料 棚 卸 減 耗 損)	(3,000)	(3,000)	
	税 引 前 当 期 純 利 益		(44,370)	
	法人税, 住民税及び事業税		(13,370)	
	当　期　純　利　益		(31,000)	

貸　借　対　照　表

×11年12月31日

現 金 及 び 預 金		(243,710)	工 事 未 払 金		(169,000)
完成工事未収入金	(261,500)		短 期 借 入 金		(301,000)
貸 倒 引 当 金	(5,230)	(★ 256,270)	未 払 費 用		(8,860)
材 　 　 料		(44,280)	未 払 法 人 税 等		(13,370)
前 払 費 用		(2,000)	資 　 本 　 金		(1,500,000)
建 　 　 物	(650,000)		資 本 準 備 金		(262,000)
減価償却累計額	(180,500)	(469,500)	利 益 準 備 金		(100,000)
機 械 装 置	(520,000)		繰越利益剰余金		(91,650)
減価償却累計額	(227,500)	(292,500)			
備 　 　 品	(225,000)				
減価償却累計額	(112,500)	(112,500)			
土 　 　 地		(1,025,120)			
		(2,445,880)			(2,445,880)

問2

完 成 工 事 未 収 入 金	★　　234,000　千円

問3

工 事 損 失 引 当 金	★　　63,000　千円

【解答時間及び得点】

	日　付	解答時間	得　点	Ｍ　Ｅ　Ｍ　Ｏ
1	／	分	点	
2	／	分	点	
3	／	分	点	
4	／	分	点	
5	／	分	点	

【チェック・ポイント】

出題分野	出題論点	日　付				
		／	／	／	／	／
建 設 業 会 計	見　　積　　り　　の　　変　　更					
	完 成 工 事 原 価 報 告 書					
	工　　事　　損　　失　　引　　当　　金					

【解答への道】　（単位：千円）

Ｉ．前期末繰越試算表上の金額の推定（　問2　の解答）

　　　完成工事未収入金：　234,000　←　A工事170,000(*1)＋B工事64,000(*2)

　（*1）　過年度工事収益累計額690,000(*3)－工事代金入金額520,000＝170,000

　（*2）　過年度工事収益累計額364,000(*4)－工事代金入金額300,000＝64,000

　（*3）　契約価額1,150,000×工事進捗度0.6(*5)＝690,000

　（*4）　契約価額1,400,000×工事進捗度0.26(*6)＝364,000

　（*5）　前期決算日までに発生した工事原価累計額496,800÷見積工事原価総額828,000＝0.6

　（*6）　前期決算日までに発生した工事原価累計額244,764÷見積工事原価総額941,400＝0.26

Ⅱ．〔資料Ⅰ〕の空欄推定

土　　　　　地：　1,025,120 ← 貸借差額

完成工事高：　　460,000 ← Ａ工事契約価額1,150,000

－過年度工事収益累計額690,000（Ⅰ．参照）

Ⅲ．決算整理仕訳

1．材　料

(1) 期末帳簿棚卸高の材料勘定への振替

(借) 材　　　　　　　　料	49,280	(貸) 未 成 工 事 支 出 金	49,280

(2) 棚卸減耗費の計上

(借) 未 成 工 事 支 出 金	2,000(*2)	(貸) 材　　　　　　　　料	5,000(*1)
（C/R 経　　　　　費）			
材 料 棚 卸 減 耗 損	3,000		
（P/L 特　別　損　失）			

(*1) 期末帳簿棚卸高49,280－期末実地棚卸高44,280＝5,000

(*2) 5,000(*1)×40％＝2,000

(注)　材料棚卸減耗について，原価性のある場合はC/R 経費，原価性のない場合はP/L 営業外費用又は特別損失として処理される。本問ではP/L 営業外費用に棚卸減耗費がないため特別損失に計上していると判断する。

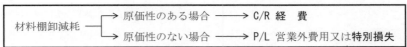

2．減価償却費

(借) 未 成 工 事 支 出 金	8,775(*2)	(貸) 建 物 減 価 償 却 累 計 額	19,500(*1)
建 物 減 価 償 却 費	10,725(*3)		
(借) 未 成 工 事 支 出 金	97,500(*4)	(貸) 機 械 装 置 減 価 償 却 累 計 額	97,500
(借) 未 成 工 事 支 出 金	9,000(*6)	(貸) 備 品 減 価 償 却 累 計 額	22,500(*5)
備 品 減 価 償 却 費	13,500(*7)		

(*1)　650,000×0.9÷30年＝19,500

(*2)　19,500(*1)×45％＝8,775

(*3)　19,500(*1)×（1－45％）＝10,725

(*4)　(520,000－130,000)×0.25＝97,500

(*5)　225,000×0.9÷9年＝22,500

(*6)　22,500(*5)×40％＝9,000

(*7)　22,500(*5)×（1－40％）＝13,500

3．経過勘定

(借)	未 成 工 事 支 出 金	4,410	(貸)	未 払 賃 金 給 料	6,300
	給 料	1,890			
(借)	営 業 費	2,560	(貸)	未 払 営 業 費	2,560
(借)	前 払 工 事 経 費	2,000	(貸)	未 成 工 事 支 出 金	2,000

4．工事原価の計上

(借)	完 成 工 事 原 価	1,136,880(*1)	(貸)	未 成 工 事 支 出 金	1,136,880

(*1) A工事336,144(Ⅳ．参照)＋B工事420,736(Ⅳ．参照)＋C工事380,000(Ⅳ．参照)＝1,136,880

5．工事収益の計上

(1) B工事

① 工事代金入金時の仕訳（処理済）

(借)	現 金 預 金	580,000	(貸)	完 成 工 事 未 収 入 金	64,000(*1)
				未 成 工 事 受 入 金	516,000

(*1) 前期末完成工事未収入金のうちB工事分(Ⅰ．参照)

② 工事収益の計上

(借)	未 成 工 事 受 入 金	516,000	(貸)	完 成 工 事 高	565,500(*1)
	完 成 工 事 未 収 入 金	49,500			

(*1) 変更後契約価額1,690,000×工事進捗度0.55(*2)

一過年度工事収益累計額364,000(Ⅰ．参照)＝565,500

(*2) 当期決算日までに発生した工事原価累計額665,500(*3)÷変更後見積工事原価総額1,210,000＝0.55

(*3) 前期決算日までに発生した工事原価累計額244,764

＋当期の工事原価発生額420,736(Ⅳ．参照)＝665,500

(2) C工事

① 工事代金入金時の仕訳（処理済）

(借)	現 金 預 金	450,000	(貸)	未 成 工 事 受 入 金	450,000

② 工事収益の計上

(借)	未 成 工 事 受 入 金	450,000	(貸)	完 成 工 事 高	532,000(*1)
	完 成 工 事 未 収 入 金	82,000			

(*1) 契約価額1,400,000×工事進捗度0.38(*2)－過年度工事収益累計額0＝532,000

(*2) 当期決算日までに発生した工事原価累計額380,000(Ⅳ．参照)÷見積工事原価総額1,000,000＝0.38

6．貸倒引当金

（借）	貸 倒 引 当 金 繰 入 額	5,230(*1)	（貸）	貸 倒 引 当 金	5,230

(*1) 完成工事未収入金期末残高261,500(*2)×2％＝5,230

(*2) Ａ工事130,000(*3)＋Ｂ工事49,500(*4)＋Ｃ工事82,000(*5)＝261,500

(*3) 契約価額1,150,000－工事代金入金額(前期520,000＋当期500,000)＝130,000

(*4) 5．(1)参照

(*5) 5．(2)参照

7．法人税，住民税及び事業税

（借）	法人税，住民税及び事業税	13,370	（貸）	未 払 法 人 税 等	13,370

Ⅳ. 各工事原価の算定

	A 工 事	B 工 事	C 工 事	合 計
材 料 費				
直 接 材 料 費	129,950	168,000	152,000	449,950
間 接 材 料 費	23,391	30,240	27,360 (*3)	80,991
労 務 費				
直 接 労 務 費	58,600	74,850	67,200	200,650
間 接 労 務 費	37,710	48,570 (*4)	43,840	130,120 (*1)
経 費				
直 接 経 費				
外 注 費	52,554	54,363	50,144	157,061
間 接 経 費	33,939 (*5)	44,713	39,456	118,108 (*2)
合 計	336,144	420,736	380,000	1,136,880

(*1)　125,710＋見越4,410＝130,120

(*2)　2,833＋材料棚卸減耗費2,000＋減価償却費(8,775＋97,500＋9,000)－繰延2,000＝118,108

(*3)　80,991－(A工事23,391＋B工事30,240)＝27,360

(*4)　130,120(*1)－(A工事37,710＋C工事43,840)＝48,570

(*5)　118,108(*2)－(B工事44,713＋C工事39,456)＝33,939

Ⅴ. 決算整理後残高試算表

決算整理後残高試算表
×11年12月31日

現 金 預 金	243,710	工 事 未 払 金	169,000
完 成 工 事 未 収 入 金	261,500	短 期 借 入 金	301,000
材 料	44,280	未 払 営 業 費	2,560
前 払 工 事 経 費	2,000	未 払 賃 金 給 料	6,300
建 物	650,000	未 払 法 人 税 等	13,370
機 械 装 置	520,000	貸 倒 引 当 金	5,230
備 品	225,000	建 物 減 価 償 却 累 計 額	180,500
土 地	1,025,120	機械装置減価償却累計額	227,500
完 成 工 事 原 価	1,136,880 (*1)	備 品 減 価 償 却 累 計 額	112,500
営 業 費	141,825	資 本 金	1,500,000
給 料	196,950	資 本 準 備 金	262,000
貸 倒 引 当 金 繰 入 額	5,230	利 益 準 備 金	100,000
建 物 減 価 償 却 費	10,725	繰 越 利 益 剰 余 金	60,650
備 品 減 価 償 却 費	13,500	完 成 工 事 高	1,557,500 (*2)
支 払 利 息	6,020	受 取 利 息	1,000
材 料 棚 卸 減 耗 損	3,000		
法人税，住民税及び事業税	13,370		
	4,499,110		4,499,110

(*1)　A工事336,144＋B工事420,736＋C工事380,000＝1,136,880

(*2)　A工事460,000＋B工事565,500＋C工事532,000＝1,557,500

Ⅵ. 完成工事原価報告書上の数値

1．材料費

A工事：当期材料費(直接材料費129,950＋間接材料費23,391)＝ 153,341

B工事：当期材料費(直接材料費168,000＋間接材料費30,240)＝ 198,240

C工事：当期材料費(直接材料費152,000＋間接材料費27,360)＝ 179,360

530,941

2．労務費

A工事：当期労務費(直接労務費58,600＋間接労務費37,710)＝ 96,310

B工事：当期労務費(直接労務費74,850＋間接労務費48,570)＝ 123,420

C工事：当期労務費(直接労務費67,200＋間接労務費43,840)＝ 111,040

330,770

3．外注費

A工事：当期外注費　52,554

B工事：当期外注費　54,363

C工事：当期外注費　50,144

157,061

4．経　費（外注費を除く）

A工事：当期間接経費　33,939

B工事：当期間接経費　44,713

C工事：当期間接経費　39,456

118,108

Ⅶ. 工事損失引当金 (問3 の解答)

　1. 工事損失引当金の計上

(借) 完 成 工 事 原 価	63,000	(貸) 工 事 損 失 引 当 金	63,000(*1)
（工事損失引当金繰入額）			

(*1)　見積工事損失△112,500(*2)－計上損益累計額(119,236(*3)－168,736(*4))＝63,000

(*2)　契約価額1,400,000－変更後見積工事原価総額1,512,500＝△112,500

(*3)　工事収益364,000(*5)－工事原価244,764＝前期工事利益119,236

(*4)　工事収益252,000(*6)－工事原価420,736(Ⅳ. 参照)＝当期工事損失168,736

(*5)　契約価額1,400,000×工事進捗度0.26(*7)＝364,000

(*6)　契約価額1,400,000×工事進捗度0.44(*8)－364,000(*5)＝252,000

(*7)　前期決算日までに発生した工事原価累計額244,764÷変更前見積工事原価総額941,400＝0.26

(*8)　当期決算日までに発生した工事原価累計額(244,764＋420,736(Ⅳ. 参照))

　　　　　　　　　　　　　　　　　　　　÷変更後見積工事原価総額1,512,500＝0.44

（参考１）　工事契約

１．履行義務の充足に係る進捗度（ステップ５）

一定の期間にわたり充足される履行義務については，履行義務の充足に係る進捗度（完全な履行義務の充足に向けて財又はサービスに対する支配を顧客に移転する際の企業の履行を描写する進捗度）を見積り，当該進捗度に基づき収益を一定の期間にわたり認識する。

なお，**履行義務の充足に係る進捗度を合理的に見積ることができる場合にのみ，一定の期間にわたり充足される履行義務について収益を認識する。** 履行義務の充足に係る進捗度を合理的に見積ることができない場合とは，進捗度を適切に見積るための信頼性のある情報が不足している場合である。

履行義務の充足に係る進捗度を合理的に見積ることができないが，当該履行義務を充足する際に発生する費用を回収することが見込まれる場合には，履行義務の充足に係る進捗度を合理的に見積ることができる時まで，一定の期間にわたり充足される履行義務について**原価回収基準（履行義務を充足する際に発生する費用のうち，回収することが見込まれる費用の金額で収益を認識する方法）**により処理する。

２．従来からの変更点

工事収益の認識については，「工事進行基準」と「工事完成基準」の２つが認められており，適用すべき認識基準は，成果の確実性の有無により決定していたが，「収益認識に関する会計基準」の適用に伴い，「工事収益に関する会計基準」は廃止される。

「収益認識に関する会計基準」を早期適用し，**履行義務の充足に係る進捗度を合理的に見積ることができる場合，一定の期間にわたり充足される履行義務について収益を認識**するため，この場合には従来における工事進行基準と同様の会計処理になると考えられる。

一方，**履行義務が一定の期間にわたり充足されるものと判定された場合には，従来における工事完成基準の適用は認められなくなる**と考えられる。なお，工事契約について，契約における取引開始日から完全に履行義務を充足すると見込まれる時点までの期間がごく短い場合には，一定の期間にわたり収益を認識せず，完全に履行義務を充足した時点で収益を認識することができるため，従来の工事完成基準と同様となる場合もあると考えられる。

３．工事契約等から損失が見込まれる場合

工事契約について，工事原価総額等（工事原価総額のほか，販売直接経費がある場合にはその見積額を含めた額）が工事収益総額を超過する可能性が高く，かつ，その金額を合理的に見積ることができる場合には，その超過すると見込まれる額（工事損失）のうち，当該工事契約に関して既に計上された損益の額を控除した残額を，工事損失が見込まれた期の損失として処理し，工事損失引当金を計上する。なお，当該処理は従来の会計処理と同様である。

【MEMO】

問題 ⑥ 本社工場会計

製品の製造及び販売を営むTAC株式会社の当期（自×4年4月1日　至×5年3月31日）に関する〔資料Ⅰ〕～〔資料Ⅴ〕に基づいて，以下の 問1 及び 問2 に答えなさい。

問1 〔資料Ⅱ〕における①及び②の金額を答案用紙の所定の欄に記入しなさい。

問2 答案用紙に示されている製造原価報告書及び損益計算書（営業利益まで）を完成させなさい。

〔資料Ⅰ〕　TAC株式会社に関する留意事項

1．本社の他に工場を有し，それぞれ独立の会計単位としている。

2．単一製品の製造及び販売を行っている。

3．原価計算制度は採用していない。

4．材料については材料元帳において継続的に記録を行っている。

5．期末仕掛品及び期末製品の評価方法として完成度換算法（先入先出法）を採用している。

〔資料Ⅱ〕　決算整理前残高試算表

残 高 試 算 表
×5年3月31日
（単位：千円）

借　方	本　社	工　場	貸　方	本　社	工　場
現 金 預 金	（　　　）	（　　　）	買 掛 金	1,500	—
売 掛 金	2,000	—	繰 延 内 部 利 益	（①　　　）	（②　　　）
繰 越 製 品	300	405	減 価 償 却 累 計 額	8,390	4,465
繰 越 材 料	325	220	本 社	—	8,228
繰 越 仕 掛 品	—	783	資 本 金	18,000	—
建 物	15,000	11,000	繰 越 利 益 剰 余 金	7,500	—
土 地	8,000	—	売 上	8,370	—
工 場	8,447	—	本 社 売 上	—	5,940
材 料 仕 入	2,735	—	工 場 売 上	3,036	—
本 社 仕 入	—	2,937			
工 場 仕 入	5,820	—			
営 業 費	1,862	—			
賃 金 給 料	252	648			
製 造 経 費	—	1,294			
合 計	（　　　）	（　　　）	合 計	（　　　）	（　　　）

（注）　内部利益は本社と工場が別々に処理している。

〔資料Ⅲ〕 製品の製造・販売に関する事項

1. 本社は外部より材料を仕入れ，仕入価格に毎期10%の利益を付加した振替価格で工場に送付している。また，工場から送付された製品を外部に毎期@18千円で販売している。

2. 工場は本社より材料を仕入れ，これを工程の始点において投入し，加工を施すことにより製品を製造している。また，完成品を本社に毎期@12千円で送付している。

〔資料Ⅳ〕 当期末未達事項（前期末未達事項はない）

1. 本社は工場に材料99千円（振替価格）を送付したが，工場に未達である。

2. 工場は本社に製品10個を送付したが，本社に未達である。

〔資料Ⅴ〕 その他の決算整理事項等

1. 棚卸資産（金額は本社付加利益を含んでいる）

(1) 材 料（未達分は除く）

	本 社	工 場
期 首	325千円	220千円
期 末	300千円	132千円

(2) 仕掛品

	工 場
期 首	130個（材料費605千円，加工費178千円，加工進捗度40%）
期 末	180個（材料費 ? 千円，加工費 ? 千円，加工進捗度60%）

なお，工場において当期に製品 500個が完成した。

(3) 製 品（未達分は除く）

	本 社	工 場
期 首	25個（材料費121千円，加工費109千円）	45個（材料費198千円，加工費207千円）
期 末	45個（材料費 ? 千円，加工費 ? 千円）	50個（材料費 ? 千円，加工費 ? 千円）

(4) 棚卸減耗等は生じていない。

2. 当期の発生費用（材料費及び営業費を除く）

	本 社	工 場
	販売部門	製造部門
賃 金 給 料	252千円	648千円
製 造 経 費	―	1,294千円
減 価 償 却 費	580千円	282千円

【解　答】

問1

①	★	104	②	★	70

問2 (単位：千円)

製　造　原　価　報　告　書

自×4年4月1日　至×5年3月31日

Ⅰ　材　　料　　費
1　期首材料棚卸高　　（★　　　525）
2　当期材料仕入高　　（★　2,735）
　　合　　計　　　　　（　　3,260）
3　期末材料棚卸高　　（★　　　510）
　　当　期　材　料　費　　　　　　　（　2,750）

Ⅱ　労　　務　　費
1　賃　金　給　料　　（　　　648）
　　当　期　労　務　費　　　　　　　（　　　648）

Ⅲ　経　　　　費
1　製　造　経　費　　（　1,294）
2　減　価　償　却　費　（★　　282）
　　当　期　経　費　　　　　　　　（　1,576）
　　当　期　総　製　造　費　用　　　（　4,974）
　　期　首　仕　掛　品　棚　卸　高　（　　728）
　　合　　計　　　　　　　　　　　（　5,702）
　　期　末　仕　掛　品　棚　卸　高　（★　1,332）
　　当　期　製　品　製　造　原　価　（　4,370）

損　益　計　算　書

自×4年4月1日　至×5年3月31日

Ⅰ	売　上　高			（★	8,370 ）
Ⅱ	売　上　原　価				
	1　期首製品棚卸高	（	606 ）		
	2　当期製品製造原価	（	4,370 ）		
	合　計	（	4,976 ）		
	3　期末製品棚卸高	（★	917 ）	（	4,059 ）
	売　上　総　利　益			（	4,311 ）
Ⅲ	販売費及び一般管理費				
	1　営　業　費	（	1,862 ）		
	2　賃　金　給　料	（★	252 ）		
	3　減　価　償　却　費	（	580 ）	（	2,694 ）
	営　業　利　益			（	1,617 ）

【採点基準】

　★10点×10箇所＝100点

【解答時間及び得点】

	日　付	解答時間	得　点	Ｍ　Ｅ　Ｍ　Ｏ
1	／	分	点	
2	／	分	点	
3	／	分	点	
4	／	分	点	
5	／	分	点	

【チェック・ポイント】

出題分野	出題論点	日　付				
		／	／	／	／	／
本社工場会計	未　　達　　取　　引					
	内　　部　　利　　益					
	完　成　度　換　算　法					
	公　表　用　財　務　諸　表					

【解答への道】（単位：千円）

Ⅰ．〔資料Ⅱ〕の空欄推定

　1．本　社

　　　現　金　預　金：2,159 ← 貸借差額

　　　①繰延内部利益：　104 ← 後述（Ⅵ．1．参照）

　2．工　場

　　　現　金　預　金：1,416 ← 貸借差額

　　　②繰延内部利益：　70 ← 後述（Ⅵ．1．参照）

（参考1）内部利益の調整方法

　1．本社で一括して調整する方法

　　　この方法は，本社が付加した内部利益も工場が付加した内部利益もすべて本社が一括して調整する方法である。したがって，「繰延内部利益」勘定は本社のみに設定され，工場には設定されない。問題文に特に指示がない場合，工場の前T/B・後T/B等に「繰延内部利益」がなければ，本社が一括して調整していると判断すること。

　2．本社・工場がそれぞれ自己の付加した内部利益を調整する方法（本問）

　　　この方法は，本社が付加した内部利益は本社が調整し，工場が付加した内部利益は工場が調整する方法である。したがって，「繰延内部利益」勘定は本社，工場それぞれに設定される。問題文に特に指示がない場合，工場の前T/B・後T/B等に「繰延内部利益」があれば，それぞれ自己の付加した内部利益を調整していると判断すること。なお，本社，工場が調整する内部利益は自己が付加した内部利益であって，自己の保有する棚卸資産に含まれる内部利益ではない点に注意すること。

　　　なお，どちらの方法を採用しても，作成される外部公表用財務諸表は同じとなる。

Ⅱ．未達事項

1．工　場

| （借）本　社　仕　入 | 99 | （貸）本　社 | 99 |

2．本　社

| （借）工　場　仕　入 | 120(*1) | （貸）工　場 | 120 |

（*1）　＠12×10個＝120

Ⅲ．照合勘定

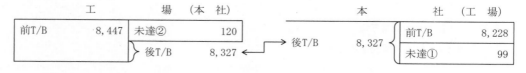

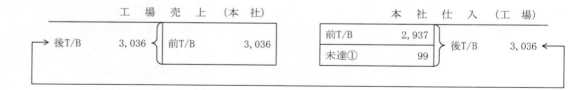

Ⅳ．その他の決算整理仕訳等

1．工　場

(1) 材　料

(借) 本　社　仕　入	220	(貸) 繰　越　材　料	220
(借) 繰　越　材　料	231(*1)	(貸) 本　社　仕　入	231

(*1)　手許132＋未達99＝231

(2) 減価償却

(借) 減　価　償　却　費	282	(貸) 減　価　償　却　累　計　額	282

(3) 製造原価の算定

(借) 製　　　　造	5,249	(貸) 本　社　仕　入	3,025
		賃　金　給　料	648
		製　造　経　費	1,294
		減　価　償　却　費	282
(借) 製　　　　造	783	(貸) 繰　越　仕　掛　品	783
(借) 繰　越　仕　掛　品	1,422(*1)	(貸) 製　　　　造	1,422

(*1)　後述(Ⅴ．参照)

(4) 売上原価の算定

(借) 製　　　　品	4,610	(貸) 製　　　　造	4,610
(借) 製　　　　品	405	(貸) 繰　越　製　品	405
(借) 繰　越　製　品	461(*1)	(貸) 製　　　　品	461
(借) 売　上　原　価	4,554	(貸) 製　　　　品	4,554

(*1)　後述(Ⅴ．参照)

2．本　社

(1) 材　料

(借) 材　料　仕　入	325	(貸) 繰　越　材　料	325
(借) 繰　越　材　料	300	(貸) 材　料　仕　入	300

(2) 売上原価の算定

(借) 工　場　仕　入	300	(貸) 繰　越　製　品	300
(借) 繰　越　製　品	660(*1)	(貸) 工　場　仕　入	660

(*1)　＠12×(手許45個＋未達10個)＝660

(3) 減価償却

(借) 減　価　償　却　費	580	(貸) 減　価　償　却　累　計　額	580

V. 期末仕掛品及び期末製品の算定

金額については本社付加利益は含め，工場付加利益は控除して示している。

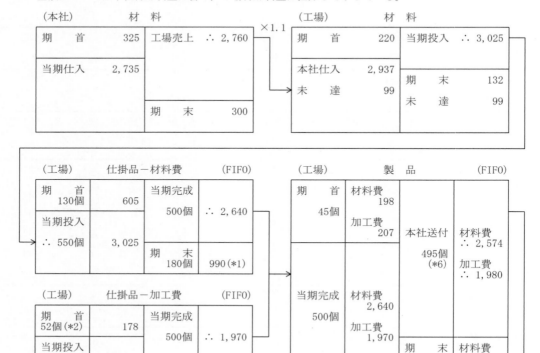

(本社)　　　材　料

期　首	325	工場売上 ∴ 2,760
当期仕入	2,735	
		期　末　300

×1.1

(工場)　　　材　料

期　首	220	当期投入 ∴ 3,025
本社仕入	2,937	期　末　132
未　達	99	未　達　99

(工場)　仕掛品－材料費　(FIFO)

| 期　首 130個 | 605 | 当期完成 500個 ∴ 2,640 |
| 当期投入 ∴ 550個 | 3,025 | 期　末 180個 990(*1) |

(工場)　仕掛品－加工費　(FIFO)

| 期　首 52個(*2) | 178 | 当期完成 500個 ∴ 1,970 |
| 当期投入 ∴ 556個 | 2,224 (*4) | 期　末 108個(*3) 432(*5) |

(工場)　　製　品　　(FIFO)

| 期　首 45個 | 材料費 198 加工費 207 | 本社送付 495個 (*6) | 材料費 ∴ 2,574 加工費 ∴ 1,980 |
| 当期完成 500個 | 材料費 2,640 加工費 1,970 | 期　末 50個 | 材料費 264(*7) 加工費 197(*8) |

(本社)　　製　品　　(FIFO)

期　首 25個	材料費 121 加工費 109	外部売上 465個 (*10)	材料費 ∴ 2,409 加工費 ∴ 1,869
工場仕入 485個(*9)	材料費 2,574		
未　達 10個	加工費 1,980	期　末 45個	材料費 286(*11)
		未　達 10個	加工費 220(*12)

(*1)　$3,025 \times \dfrac{180個}{550個} = 990$

(*2)　期首仕掛品130個×加工進捗度40％＝52個

(*3)　期末仕掛品180個×加工進捗度60％＝108個

(*4)　賃金給料648＋製造経費1,294＋減価償却費282＝2,224

(*5)　$2,224(*4) \times \dfrac{108個(*3)}{556個} = 432$

(*6)　工場前T/B　本社売上5,940÷@12＝495個

(*7)　$2,640 \times \dfrac{50個}{500個} = 264$

(*8)　$1,970 \times \dfrac{50個}{500個} = 197$

(*9)　本社前T/B　工場仕入5,820÷@12＝485個

(*10)　本社前T/B　売上8,370÷@18＝465個

(*11)　$2,574 \times \dfrac{手許45個＋未達10個}{485個(*9)＋未達10個} = 286$

(*12)　$1,980 \times \dfrac{手許45個＋未達10個}{485個(*9)＋未達10個} = 220$

◎　期末仕掛品原価：990(*1)＋432(*5)＝1,422

◎　期末製品原価(工場)：264(*7)＋197(*8)＝461

Ⅵ.　決算整理後残高試算表

残 高 試 算 表
×5年3月31日

借　方	本　社	工　場	貸　方	本　社	工　場
現　金　預　金	2,159	1,416	買　掛　金	1,500	—
売　　掛　　金	2,000	—	繰延内部利益	104	70
繰　越　製　品	660	461	減価償却累計額	8,970	4,747
繰　越　材　料	300	231	本　　　　社	—	8,327
繰　越　仕　掛　品	—	1,422	資　　本　　金	18,000	—
建　　　　物	15,000	11,000	繰越利益剰余金	7,500	—
土　　　　地	8,000	—	売　　　　上	8,370	—
工　　　　場	8,327	—	本　社　売　上	—	5,940
材　料　仕　入	2,760	—	工　場　売　上	3,036	—
工　場　仕　入	5,580	—			
売　上　原　価	—	4,554			
営　　業　　費	1,862	—			
賃　金　給　料	252	—			
減　価　償　却　費	580	—			
合　　計	47,480	19,084	合　　計	47,480	19,084

Ⅶ．内部利益の算定

1．期首棚卸資産に含まれる内部利益（ 問1 の解答）

本社付加利益

材　料（工場）：$220 \times \dfrac{0.1}{1.1}$ ＝ 20 （C/R）

仕掛品（工場）：$605 \times \dfrac{0.1}{1.1}$ ＝ 55 （C/R）

製　品（工場）：$198 \times \dfrac{0.1}{1.1}$ ＝ 18 （P/L）

製　品（本社）：$121 \times \dfrac{0.1}{1.1}$ ＝ 11 （P/L）

◎　本社前T/B 繰延内部利益 → 104

工場付加利益

製　品（本社）：@12×25個－（材料費121＋加工費109） ＝ 70 （P/L）

◎　工場前T/B 繰延内部利益 → 70

2．期末棚卸資産に含まれる内部利益

本社付加利益

材　料（工場）：（手許132＋未達99）$\times \dfrac{0.1}{1.1}$ ＝ 21 （C/R）

仕掛品（工場）：$990 \times \dfrac{0.1}{1.1}$ ＝ 90 （C/R）

製　品（工場）：$264 \times \dfrac{0.1}{1.1}$ ＝ 24 （P/L）

製　品（本社）：$286 \times \dfrac{0.1}{1.1}$ ＝ 26 （P/L）

161

工場付加利益

製　品（本社）：@12×（手許45個＋未達10個）

－（材料費286＋加工費220）＝ 154 （P/L）

154

Ⅷ. 決算振替仕訳

1. 工　場

（借）	本　社　売　上	5,940	（貸）	損　　　　益	5,940
（借）	損　　　　益	4,554	（貸）	売　上　原　価	4,554
（借）	損　　　　益	1,386	（貸）	本　　　　社	1,386
（借）	繰　延　内　部　利　益	70	（貸）	繰延内部利益戻入	70
（借）	繰　延　内　部　利　益　控　除	154	（貸）	繰　延　内　部　利　益	154
（借）	繰　延　内　部　利　益　戻　入	70	（貸）	本　　　　社	70
（借）	本　　　　社	154	（貸）	繰　延　内　部　利　益　控　除	154

2. 本　社

（借）	売　　　　上	8,370	（貸）	損　　　　益	11,406
	工　場　売　上	3,036			
（借）	損　　　　益	11,034	（貸）	材　料　仕　入	2,760
				工　場　仕　入	5,580
				営　業　費	1,862
				賃　金　給　料	252
				減　価　償　却　費	580
（借）	損　　　　益	372	（貸）	総　合　損　益	372
（借）	工　　　　場	1,386	（貸）	総　合　損　益	1,386
（借）	繰　延　内　部　利　益	104	（貸）	繰　延　内　部　利　益　戻　入	104
（借）	繰　延　内　部　利　益　控　除	161	（貸）	繰　延　内　部　利　益	161
（借）	工　　　　場	70	（貸）	繰　延　内　部　利　益　戻　入	70
（借）	繰　延　内　部　利　益　控　除	154	（貸）	工　　　　場	154
（借）	繰　延　内　部　利　益　戻　入	174(*1)	（貸）	総　合　損　益	174
（借）	総　合　損　益	315	（貸）	繰　延　内　部　利　益　控　除	315(*2)
（借）	総　合　損　益	1,617	（貸）	繰　越　利　益　剰　余　金	1,617

(*1)　本社付加利益104＋工場付加利益70＝174

(*2)　本社付加利益161＋工場付加利益154＝315

IX. 製造原価報告書及び損益計算書（ 問2 の解答）

製 造 原 価 報 告 書

自×4年4月1日　至×5年3月31日

I　材　　料　　費

1　期首材料棚卸高　　　　　　525(*1)

2　当期材料仕入高　　　　　2,735

合　　計　　　　　　3,260

3　期末材料棚卸高　　　　　　510(*2)

当 期 材 料 費　　　　　　　　　　2,750

II　労　　務　　費

1　賃 金 給 料　　　　　　　648

当 期 労 務 費　　　　　　　　　　　648

III　経　　　　　　費

1　製 造 経 費　　　　　　1,294

2　減 価 償 却 費　　　　　　282

当 期 経 費　　　　　　　　　1,576

当 期 総 製 造 費 用　　　　　4,974

期首仕掛品棚卸高　　　　　　728(*3)

合　　計　　　　　　5,702

期末仕掛品棚卸高　　　　　1,332(*4)

当 期 製 品 製 造 原 価　　　　4,370

(*1)　本社325＋工場220－繰延内部利益戻入20＝525

(*2)　本社300＋工場（手許132＋未達99）－繰延内部利益控除21＝510

(*3)　783－繰延内部利益戻入55＝728

(*4)　1,422－繰延内部利益控除90＝1,332

損　益　計　算　書

自×4年4月1日　至×5年3月31日

Ⅰ　売　　上　　高　　　　　　　　　　　　　　　8,370

Ⅱ　売　上　原　価

　　1　期首製品棚卸高　　　　　　　606(*5)

　　2　当期製品製造原価　　　　　4,370

　　　　合　　計　　　　　　　　　4,976

　　3　期末製品棚卸高　　　　　　　917(*6)　　　4,059

　　　　売　上　総　利　益　　　　　　　　　　　4,311

Ⅲ　販売費及び一般管理費

　　1　営　　業　　費　　　　　　1,862

　　2　賃　金　給　料　　　　　　　252

　　3　減　価　償　却　費　　　　　580　　　　　2,694

　　　　営　業　利　益　　　　　　　　　　　　　1,617

(*5)　本社300＋工場405－繰延内部利益戻入(18＋11＋70)＝606

(*6)　本社660＋工場461－繰延内部利益控除(24＋26＋154)＝917

（参考２）外部公表用財務諸表の作成

1．製造原価報告書

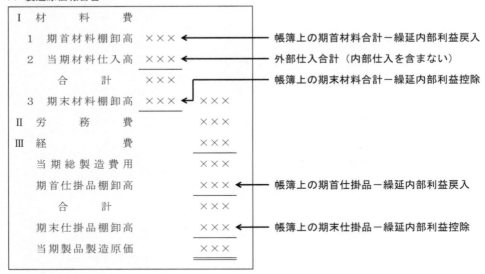

I 材 料 費		
1　期首材料棚卸高	×××	← 帳簿上の期首材料合計−繰延内部利益戻入
2　当期材料仕入高	×××	← 外部仕入合計（内部仕入を含まない）
合　　計	×××	← 帳簿上の期末材料合計−繰延内部利益控除
3　期末材料棚卸高	×××　　×××	
II 労 務 費	×××	
III 経 費	×××	
当期総製造費用	×××	
期首仕掛品棚卸高	×××	← 帳簿上の期首仕掛品−繰延内部利益戻入
合　　計	×××	
期末仕掛品棚卸高	×××	← 帳簿上の期末仕掛品−繰延内部利益控除
当期製品製造原価	×××	

2．損益計算書

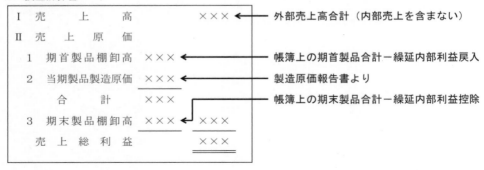

I 売 上 高	×××	← 外部売上高合計（内部売上を含まない）
II 売 上 原 価		
1　期首製品棚卸高	×××	← 帳簿上の期首製品合計−繰延内部利益戻入
2　当期製品製造原価	×××	← 製造原価報告書より
合　　計	×××	← 帳簿上の期末製品合計−繰延内部利益控除
3　期末製品棚卸高	×××　　×××	
売 上 総 利 益	×××	

【MEMO】

ＴＡＣ株式会社の当期（×10年4月1日から×11年3月31日まで）に関する下記の〔資料〕を参照して，以下の各問に答えなさい。なお，解答すべき金額がない場合には「―」を記入しなさい。

問1　当座預金出納帳から普通仕訳帳への合計仕訳を示しなさい。なお，小書は省略すること。

問2　受取手形勘定への記入・締切を行いなさい。なお，摘要欄には転記元となった仕訳帳の名称を記入すること。ただし，普通仕訳帳から転記された場合は，相手勘定科目を記入すること。また，仕丁欄は省略すること。

問3　二重仕訳控除金額及び決算整理前における普通仕訳帳の合計金額を求めなさい。

問4　答案用紙に示されている決算整理前合計試算表を完成させなさい。

〔資料Ⅰ〕　帳簿組織及び記帳方法
1．大陸式締切法を採用しており，毎期末に総勘定元帳へ合計転記している。
2．普通仕訳帳の他に，特殊仕訳帳として当座預金出納帳，売上帳，仕入帳，受取手形記入帳及び支払手形記入帳を用いている。
3．一部当座取引については，普通仕訳帳にその全貌仕訳を記入している。
4．保証債務の計上は行っていない。

〔資料Ⅱ〕　前期末貸借対照表

貸 借 対 照 表
×10年3月31日　　　　　　　　　　　　　（単位：千円）

現 金 及 び 預 金（注1）	21,321	支 払 手 形		17,030
受 取 手 形（注2）	22,540	買 掛 金		15,200
売 掛 金（注2）	13,230	未 払 費 用（注5）		300
有 価 証 券	38,400	長 期 借 入 金		30,000
商 品	7,500	資 本 金		90,000
前 払 費 用（注3）	104	利 益 準 備 金		13,200
備 品（注4）	14,375	繰 越 利 益 剰 余 金		43,740
土 地	92,000			
	209,470			209,470

（注1）　内訳は小口現金 500千円，当座預金20,821千円である。

（注2）　2％の貸倒引当金を控除した後の金額である。

（注3）　すべて営業費に係るものである。

（注4）　減価償却累計額 5,625千円を控除した後の金額である。

（注5）　すべて支払利息に係るものである。

〔資料Ⅲ〕　期中に普通仕訳帳に記入された取引

4月17日　有価証券11,000千円を 9,600千円で売却した。

6月26日　株主総会において次に示す剰余金の配当が決議された。

　　　　　　利益準備金の積立：会社法規定の最低限度額　　　　配 当 金： 7,200千円

8月6日　得意先の引受を得て，仕入先指図の為替手形 7,000千円を振り出した。

12月26日　売掛金 5,200千円が貸し倒れた。なお，このうち 200千円は前期に発生したものである。

3月31日　用度係から当期の報告を受け， 480千円を営業費として処理した。

〔資料Ⅳ〕　期中における特殊仕訳帳の記入状況（単位：千円，元丁欄は省略）

当 座 預 金 出 納 帳

日	付	勘定科目	元丁	売掛金	受取手形	諸　口	日	付	勘定科目	元丁	買掛金	支払手形	諸　口
4	17	有 価 証 券				？	5	18	支 払 手 形			3,530	
6	10	受 取 手 形			8,000		7	1	未 払 配 当 金				？
7	7	有 価 証 券				8,600	10	16	営 業 費				9,700
	〃	有価証券売却損益				500	11	30	支 払 利 息				900
9	10	売 掛 金		11,800			1	7	支 払 手 形			24,300	
11	14	受 取 手 形			10,000			24	支 払 手 形			12,000	
12	15	売 掛 金		11,000				31	買 掛 金		4,000		
3	10	売 上				15,750	3	16	備 品				14,000
								31	小 口 現 金				480

売 上 帳

日	付	勘定科目	摘　要	元丁	売掛金	受取手形	諸　口
4	23	売 掛 金			27,000		
5	29	支 払 手 形					13,500
7	27	売 掛 金			17,200		
12	4	受 取 手 形				13,500	
3	10	当 座 預 金					？

仕 入 帳

日	付	勘定科目	摘　要	元丁	買掛金	支払手形	諸　口
4	7	受 取 手 形					15,000
5	9	支 払 手 形				？	
8	21	買 掛 金			18,000		
	(23)	（買 掛 金）	（仕入戻し）		(1,500)		
2	9	支 払 手 形				9,000	

受 取 手 形 記 入 帳

日	付	勘 定 科 目	摘　　要	元 丁	売　　上	売 掛 金	諸　　口
7	15	売　掛　金				10,000	
12	4	売　　　上			?		

支 払 手 形 記 入 帳

日	付	勘 定 科 目	摘　　要	元 丁	仕　　入	買 掛 金	諸　　口
5	9	仕　　　入			24,000		
9	24	買　掛　金				12,000	
2	9	仕　　　入			?		

【解　答】

問1 （単位：千円）

普 通 仕 訳 帳

日 付		摘　　　　　要		元 丁	借　　方	貸　　方
3	31	（当 座 預 金）	諸　　　　口	2	75,250	
			（売　　掛　　金）	4		22,800
			（受 取 手 形）	3		18,000
			（諸　　　　口）	✓		34,450
	〃	諸　　　口	（当 座 預 金）	2		76,110
		（買　掛　金）		22	4,000	
		（支 払 手 形）		21	39,830	
		（諸　　　　口）		✓	32,280	

問2 （単位：千円）

受 取 手 形 　　3

日 付		摘　要	借　方	日 付		摘　　要	貸　方
4	1	開 始 残 高	23,000	4	7	仕　　入　　帳	15,000
3	31	諸　　　口	23,500	3	31	当 座 預 金	18,000
					〃	閉 鎖 残 高	13,500
			46,500				46,500

問3

二重仕訳控除金額	★　71,850　千円	普通仕訳帳の合計金額	★　766,114　千円

問4

決算整理前合計試算表

×11年3月31日　　　　　　　　　　（単位：千円）

借　方		元丁	勘　定　科　目	貸　方	
合 計 転 記	個 別 転 記			個 別 転 記	合 計 転 記
—	★　　　980	1	小　口　現　金	480	—
★　75,250	20,821	2	当　座　預　金	—	★　76,110
★　23,500	23,000	3	受　取　手　形	15,000	18,000
★　44,200	13,500	4	売　　掛　　金	★　12,200	32,800
—	38,400	5	有　価　証　券	★　19,600	—
—	7,500	6	繰　越　商　品	—	—
—	104	7	前　払　営　業　費	104	—
—	34,000	11	備　　　　品	—	—
—	92,000	12	土　　　　地	—	—
39,830	★　13,500	21	支　払　手　形	17,030	★　45,000
★　17,500	7,000	22	買　　掛　　金	15,200	★　18,000
—	7,200	23	未　払　配　当　金	7,200	—
—	300	24	未　払　利　息	300	—
—	200	25	貸　倒　引　当　金	730	—
—	—	26	長　期　借　入　金	30,000	—
—	—	27	備品減価償却累計額	5,625	—
—	—	41	資　　本　　金	90,000	—
—	—	42	利　益　準　備　金	13,920	—
—	★　7,920	44	繰　越　利　益　剰　余　金	43,740	—
—	—	51	売　　　　上	—	★　86,950
★　66,000	—	61	仕　　　　入	—	★　1,500
—	★　10,284	62	営　　業　　費	—	—
—	5,000	63	貸　倒　損　失	—	—
—	900	64	支　払　利　息	★　300	—
—	1,400	65	有　価　証　券　売　却　損　益	500	—
—	★　215,825	71	開　始　残　高	215,825	—
266,280	499,834		小　　　計	487,754	278,360
766,114			合　　　計	766,114	

【採点基準】

☐ 4点×5箇所＋★4点×20箇所＝100点

【解答時間及び得点】

	日 付	解答時間	得 点	Ｍ Ｅ Ｍ Ｏ
1	／	分	点	
2	／	分	点	
3	／	分	点	
4	／	分	点	
5	／	分	点	

【チェック・ポイント】

出題分野	出題論点	日 付				
		／	／	／	／	／
帳 簿 組 織	特 殊 仕 訳 帳 制					
	大 陸 式 締 切 法					
	一 部 当 座 取 引					

【解答への道】（単位：千円）

I．特殊仕訳帳の記入・締切

1．当座預金出納帳

当 座 預 金 出 納 帳

日	付	勘定科目	元丁	売掛金	受取手形	諸 口	日	付	勘定科目	元丁	買掛金	支払手形	諸 口
4	17	有 価 証 券	✓			9,600 (*1)	5	18	支 払 手 形	✓		3,530	
6	10	受 取 手 形	✓		8,000		7	1	未 払 配 当 金	23			7,200 (*2)
7	7	有 価 証 券	5			8,600	10	16	営 業 費	62			9,700
	〃	有価証券売却損益	66			500	11	30	支 払 利 息	64			900
9	10	売 掛 金	✓	11,800			1	7	支 払 手 形	✓		24,300	
11	14	受 取 手 形	✓		10,000			24	支 払 手 形			12,000	
12	15	売 掛 金	✓	11,000				31	買 掛 金	✓	4,000		
3	10	売 上	✓			15,750	3	16	備 品	11			14,000
								31	小 口 現 金	1			480
	31	売 掛 金		22,800		22,800		〃	買 掛 金		4,000		4,000
	〃	受 取 手 形			18,000	18,000		〃	支 払 手 形			39,830	39,830
	〃	当 座 預 金				75,250		〃	当 座 預 金				76,110
	〃	前 期 繰 越				20,821		(〃)	(次 期 繰 越)				(19,961)
						96,071							96,071

(*1) 〔資料Ⅲ〕 期中に普通仕訳帳に記入された取引，4月17日より

(*2) 〔資料Ⅲ〕 期中に普通仕訳帳に記入された取引，6月26日より

(注) 一部当座取引（4月17日の取引）

　　一部当座取引については，普通仕訳帳に取引の全貌を示す仕訳（Ⅱ．普通仕訳帳の記入・締切参照）が行われており，有価証券勘定へは普通仕訳帳から個別転記される。よって，当座預金出納帳からは個別転記されないので，当座預金出納帳の元丁欄には「✓」が付される。

(注) 特別欄が設定されている項目との取引（5月18日の取引）

　　支払手形勘定について特別欄が設けられているため，支払手形勘定へは当座預金出納帳から普通仕訳帳へ合計仕訳され，普通仕訳帳から合計転記される。よって，当座預金出納帳から個別転記されないので，当座預金出納帳の元丁欄には「✓」が付される。

（注）　諸口欄の項目との取引（7月1日の取引）

　　　諸口欄に記入される勘定科目については，取引発生時に当座預金出納帳から個別転記される。この場合，未払配当金勘定の借方へ個別転記され，当座預金出納帳の元丁欄には転記されたことを示すために，元帳番号である「23」が記入される。

（注）　一部当座取引と紛らわしい取引（7月7日の取引）

　　　4月17日の取引と同じ有価証券の売却に係る取引であるが，売却益が生じる取引については一部当座取引には該当しない点に注意すること。

（注）　親勘定間取引（3月10日の取引）

　　　売上勘定は他の特殊仕訳帳（売上帳）の親勘定であるため，売上勘定へは売上帳から普通仕訳帳へ合計仕訳され，普通仕訳帳から合計転記される。よって，当座預金出納帳から個別転記されないので，当座預金出納帳の元丁欄には「√」が付される。

（参考1）特殊仕訳帳制における記入方法

　1．仕訳帳への記入

　　　特殊仕訳帳制を採用している場合，特殊仕訳帳に関係する取引は特殊仕訳帳に，特殊仕訳帳に関係しない取引は普通仕訳帳に記入される。ここで「特殊仕訳帳に関係する取引」とは，例えば，当座預金出納帳の親勘定である当座預金勘定の増減取引や仕入帳の親勘定である仕入勘定の増減取引等をいう。

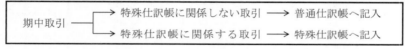

　2．総勘定元帳への転記

　（1）英米式締切法の場合

　　①　英米式締切法の意義

　　　　英米式締切法では，各勘定の締切と次期の期首における開始記入は仕訳帳を通さないで元帳に直接行われる。また，特殊仕訳帳制においては，各特殊仕訳帳の合計金額が各特殊仕訳帳から直接，総勘定元帳へ合計転記される。

　　②　普通仕訳帳からの転記

　　　　普通仕訳帳に記入された取引は，取引時に各勘定へ個別転記される。

　　③　特殊仕訳帳からの転記

　　　i　当該特殊仕訳帳の親勘定

　　　　　当該特殊仕訳帳の親勘定は，当該特殊仕訳帳に記入された金額をすべて合計して，当該特殊仕訳帳から一括して合計転記される。

ⅱ　相手勘定

A　他の特殊仕訳帳の親勘定

他の特殊仕訳帳の親勘定は，他の特殊仕訳帳の親勘定として一括して合計転記されるため，当該特殊仕訳帳からは転記されない。したがって，二重に転記されることを回避するために，元丁欄に「✓」を記入する。

B　特別欄の勘定（Aを除く）

特別欄の勘定は，当該特殊仕訳帳に記入された金額をすべて合計して，当該特殊仕訳帳から一括して合計転記される。

C　諸口欄の勘定（Aを除く）

諸口欄の勘定は，当該特殊仕訳帳から取引時に個別転記される。

(2) 大陸式締切法の場合

① 大陸式締切法の意義

大陸式締切法では，「閉鎖残高（又は残高）」勘定が用いられて各勘定の締切が仕訳帳を通して行われ，次期の期首には「開始残高」勘定が用いられて開始仕訳が行われる。また，特殊仕訳帳制においては，各特殊仕訳帳の合計金額が各特殊仕訳帳から普通仕訳帳へ合計仕訳され，普通仕訳帳から総勘定元帳へ合計転記される。

② 特殊仕訳帳に関係ない取引に係る勘定の転記

特殊仕訳帳に関係ない取引に係る勘定は，取引時に普通仕訳帳から個別転記される。なお，英米式締切法と同じである。

③ 特殊仕訳帳に関係ある取引に係る勘定の転記

ⅰ　当該特殊仕訳帳の親勘定

当該特殊仕訳帳の親勘定は，当該特殊仕訳帳に記入された金額をすべて合計して，普通仕訳帳に合計仕訳した後，普通仕訳帳から合計転記される。したがって，当該特殊仕訳帳からは転記されない。

ⅱ　相手勘定

A　他の特殊仕訳帳の親勘定

他の特殊仕訳帳の親勘定は，他の特殊仕訳帳の親勘定として普通仕訳帳に合計仕訳した後，普通仕訳帳から合計転記される。したがって，当該特殊仕訳帳から転記されないとともに，普通仕訳帳に合計仕訳した後も普通仕訳帳から転記されない。

B　特別欄の勘定（Aを除く）

特別欄の勘定は，当該特殊仕訳帳に記入された金額をすべて合計して，普通仕訳帳に合計仕訳した後，普通仕訳帳から合計転記される。したがって，当該特殊仕訳帳からは転記されない。

C　諸口欄の勘定（Aを除く）

諸口欄の勘定は，当該特殊仕訳帳から取引時に個別転記される。したがって，普通仕訳帳に合計仕訳した後は普通仕訳帳から転記されない。

（参考２）一部当座取引

1．意　義

　　一部当座取引とは，①当座取引であり，かつ，②仕訳を行った際に当座預金勘定が生じている側に当座預金勘定以外の勘定（他の特殊仕訳帳の親勘定以外の勘定）が生じる取引である。

2．具体例

　(1)　一部当座取引（本問における４月17日の取引）

（借）当　座　預　金	9,600	（貸）有　価　証　券	11,000
有 価 証 券 売 却 損 益	1,400		

　(2)　一部当座取引と紛らわしい取引（本問における７月７日の取引）

（借）当　座　預　金	9,100	（貸）有　価　証　券	8,600
		有 価 証 券 売 却 損 益	500

　(注)　上記の一部当座取引の要件②に該当しないため，一部当座取引とはならない。この取引はすべて当座預金出納帳に記入され，有価証券勘定及び有価証券売却損益勘定については，取引発生時に当座預金出納帳から個別転記される。

2．売上帳

売　　上　　帳

日	付	勘 定 科 目	摘　　要	元 丁	売 掛 金	受取手形	諸　口
4	23	売　掛　金		✓	27,000		
5	29	支 払 手 形		21			13,500
7	27	売　掛　金		✓	17,200		
12	4	受 取 手 形		✓		13,500	
3	10	当 座 預 金		✓			15,750(*1)
	31		売 掛 金		44,200		44,200
	〃		受 取 手 形			13,500	13,500
	〃		総 売 上 高				86,950

(*1)　当座預金出納帳，3月10日の取引より

3．仕入帳

仕　　入　　帳

日	付	勘 定 科 目	摘　　要	元 丁	買 掛 金	支払手形	諸　口
4	7	受 取 手 形		3			15,000
5	9	支 払 手 形		✓		24,000(*1)	
8	21	買　掛　金		✓	18,000		
	(23)	(買　掛　金)	(仕入戻し)	(✓)	(1,500)		
2	9	支 払 手 形		✓		9,000	
3	31		買 掛 金		18,000		18,000
	〃		支 払 手 形			33,000	33,000
	〃		総 仕 入 高				66,000
	(〃)		(仕入戻し高)				(1,500)
	〃		純 仕 入 高				64,500

(*1)　支払手形記入帳，5月9日の取引より

4．受取手形記入帳

受 取 手 形 記 入 帳

日 付		勘 定 科 目	摘　　要	元 丁	売　上	売 掛 金	諸　口
7	15	売　掛　金		✓		10,000	
12	4	売　　上		✓	13,500(*1)		
3	31		売　　上		13,500		13,500
〃			売　掛　金			10,000	10,000
〃			受　取　手　形				23,500

（*1）売上帳，12月4日の取引より

5．支払手形記入帳

支 払 手 形 記 入 帳

日 付		勘 定 科 目	摘　　要	元 丁	仕　入	買 掛 金	諸　口
5	9	仕　　入		✓	24,000		
9	24	買　掛　金		✓		12,000	
2	9	仕　　入		✓	9,000(*1)		
3	31		仕　　入		33,000		33,000
〃			買　掛　金			12,000	12,000
〃			支　払　手　形				45,000

（*1）仕入帳，2月9日の取引より

Ⅱ．普通仕訳帳の記入・締切

普　通　仕　訳　帳

1

日付		摘　　　　　　　要	元丁	借　　方	貸　　方
4	1	諸　口　　　　　　（開　始　残　高）	71		215,825
		（小　口　現　金）	1	500	
		（当　座　預　金）	2	20,821	
		（受　取　手　形）	3	23,000(*1)	
		（売　　掛　　金）	4	13,500(*2)	
		（有　価　証　券）	5	38,400	
		（繰　越　商　品）	6	7,500	
		（前　払　営　業　費）	7	104	
		（備　　　　品）	11	20,000(*3)	
		（土　　　　地）	12	92,000	
	〃	（開　始　残　高）　　　　諸　口	71	215,825	
		（支　払　手　形）	21		17,030
		（買　　掛　　金）	22		15,200
		（未　払　利　息）	24		300
		（貸　倒　引　当　金）	25		730(*4)
		（長　期　借　入　金）	26		30,000
		（備品減価償却累計額）	27		5,625
		（資　　本　　金）	41		90,000
		（利　益　準　備　金）	42		13,200
		（繰　越　利　益　剰　余　金）	44		43,740
	〃	（営　　業　　費）	62	104	
		（前　払　営　業　費）	7		104
	〃	（未　払　利　息）	24	300	
		（支　払　利　息）	64		300
	17	諸　口　　　　　　（有　価　証　券）	5		11,000
		（当　座　預　金）	✓	9,600	
		（有　価　証　券　売　却　損　益）	65	1,400	

(*1)　前期末B/S 受取手形22,540÷（1−0.02）＝23,000

(*2)　前期末B/S 売　掛　金13,230÷（1−0.02）＝13,500

(*3)　前期末B/S 備品14,375＋減価償却累計額5,625＝20,000

(*4)　（23,000(*1)＋13,500(*2)）×0.02＝730

日 付		摘　　　　　要	元 丁	借　　方	貸　　方
6	26	(繰越利益剰余金)　　　　諸　　口	44	7,920	
		（利 益 準 備 金）	42		720(*1)
		（未 払 配 当 金）	23		7,200
8	6	（買　　掛　　金）	22	7,000	
		（売　　掛　　金）	4		7,000
12	26	諸　　口　　（売　掛　　金）	4		5,200
		（貸 倒 引 当 金）	25	200	
		（貸 倒 損 失）	63	5,000	
3	31	（営　　業　　費）	62	480	
		（小　口　現　金）	1		480
	〃	（当　座　預　金）　　　諸　　口	2	75,250	
		（売　　掛　　金）	4		22,800
		（受　取　手　形）	3		18,000
		（諸　　　　　口）	√		34,450
	〃	諸　　口　　（当　座　預　金）	2		76,110
		（買　　掛　　金）	22	4,000	
		（支　払　手　形）	21	39,830	
		（諸　　　　　口）	√	32,280	
	〃	諸　　口　　（売　　　　上）	51		86,950
		（売　　掛　　金）	4	44,200	
		（受　取　手　形）	√	13,500	
		（諸　　　　　口）	√	29,250	
	〃	（仕　　　　入）　　　諸　　口	61	66,000	
		（買　　掛　　金）	22		18,000
		（支　払　手　形）	√		33,000
		（諸　　　　　口）	√		15,000

(*1)　配当金7,200× $\dfrac{1}{10}$ ＝720

普 通 仕 訳 帳

3

日 付	摘　　　要	元 丁	借 方	貸 方
3　31	（買　　掛　　金）	22	1,500	
	（仕　　　　　　入）	61		1,500
〃	（受　取　手　形）　　　諸　　口	3	23,500	
	（売　　　　　　　上）	√		13,500
	（売　　掛　　金）	4		10,000
〃	諸　　口　　（支　払　手　形）	21		45,000
	（仕　　　　　　入）	√	33,000	
	（買　　掛　　金）	22	12,000	
	計		837,964	837,964
	二重仕訳控除金額		71,850（*1）	71,850
	合　　計		766,114	766,114

（*1）　後述（Ⅲ．二重仕訳控除金額参照）

（注）　合計仕訳について

　　　大陸式締切法を採用している場合，まず，各特殊仕訳帳の合計金額について普通仕訳帳へ合計仕訳が行われる。次に，特殊仕訳帳の親勘定及び特別欄の勘定へは普通仕訳帳から合計転記される。

（注）　合計仕訳における元丁欄の記入

　①　特殊仕訳帳の親勘定

　　　合計仕訳により，普通仕訳帳から合計転記されるため，当該親勘定の元帳番号が記入される。

　②　他の特殊仕訳帳の親勘定

　　　他の特殊仕訳帳に係る合計仕訳から合計転記されるため，当該合計仕訳からは合計転記されないので，「√」が付される。

　③　特別欄の勘定

　　　合計仕訳により，普通仕訳帳から合計転記されるため，当該特別欄の勘定に係る元帳番号が記入される。なお，現金割引を伴う売掛金決済取引については，一部当座取引なので普通仕訳帳に全貌仕訳が行われており，売掛金勘定へは普通仕訳帳から既に個別転記されている（9月10日の取引に係る普通仕訳帳の記入参照）ため，当座預金出納帳に係る合計仕訳からは合計転記されない。したがって，合計転記される売掛金と合計転記されない売掛金とを分けて合計仕訳を行い，合計転記される売掛金には元帳番号を記入し，合計転記されない売掛金には「√」が付される。

　④　諸口欄の勘定

　　　合計仕訳を行う際は「諸口」と記入する。これらの勘定については，特殊仕訳帳から既に個別転記されているため，普通仕訳帳からは合計転記されないので「√」が付される。

Ⅲ．二重仕訳控除金額

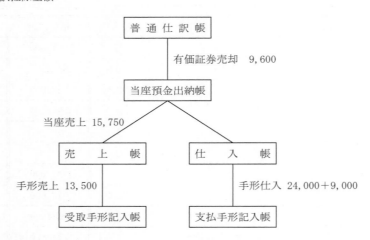

∴　二重仕訳控除金額：9,600＋15,750＋13,500＋（24,000＋9,000）＝71,850

（参考３）二重仕訳

1．意　義

　　二重仕訳とは，同一取引を２つ以上の仕訳帳に重複して仕訳することをいう。

2．特殊仕訳帳を採用する場合の問題点

　　特殊仕訳帳を採用している場合，特殊仕訳帳の親勘定間取引等については二重仕訳となり，二重に転記されてしまうおそれがある。

　　例えば「商品10,000千円を仕入れ，代金は小切手を振り出して支払った」という取引を考える。特殊仕訳帳として当座預金出納帳及び仕入帳を採用している場合，当該取引は二重仕訳となり，次に示す仕訳がそれぞれの仕訳帳に記入される。

（1）当座預金出納帳に記入される仕訳

（借）仕	入	10,000	（貸）当	座	預	金	10,000

（2）仕入帳に記入される仕訳

（借）仕	入	10,000	（貸）当	座	預	金	10,000

　　この場合に，双方の仕訳帳から仕入勘定及び当座預金勘定に転記してしまうと，二重に転記されてしまう。そこで，当座預金出納帳からは当座預金勘定のみへ，また，仕入帳からは仕入勘定のみへそれぞれ転記することによって二重に転記されることを回避しなければならない。

3．二重仕訳控除

　　2．の問題点は，大陸式締切法及び英米式締切法のいずれを採用していても生じる問題点である。さらに，大陸式締切法を採用している場合は，特殊仕訳帳から普通仕訳帳に合計仕訳を行うため，合計仕訳の中に二重仕訳の金額が含まれてしまう。そこで，合計試算表の合計金額と普通仕訳帳の合計金額を一致させ，転記の正確性を検証するために，二重仕訳控除の手続が必要となる。なお，英米式締切法を採用している場合，合計仕訳を行わないため，二重仕訳控除の手続は不要である。

Ⅳ．合計試算表の作成（参考）

　　本問の帳簿組織を前提とすると，以下の各勘定科目については，合計試算表を作成する際に金額の集計を工夫すると効率的である。なお，合計試算表を作成する際は，期首残高の金額や再振替仕訳の金額を忘れないようにすること。

　１．当座預金勘定

　　　　借　方　個別転記：期首残高20,821

　　　　　　　　　合計転記：当座預金出納帳（預入）合計75,250

　　　　貸　方　個別転記：なし

　　　　　　　　　合計転記：当座預金出納帳（引出）合計76,110

　２．受取手形勘定

　　　　借　方　個別転記：期首残高23,000

　　　　　　　　　合計転記：受取手形記入帳合計23,500

　　　　貸　方　個別転記：仕入帳諸口欄15,000

　　　　　　　　　合計転記：当座預金出納帳特別欄（預入）合計18,000

　３．売　掛　金　勘定

　　　　借　方　個別転記：期首残高13,500

　　　　　　　　　合計転記：売上帳特別欄合計44,200

　　　　貸　方　個別転記：普通仕訳帳に記入された期中取引7,000＋5,200＝12,200

　　　　　　　　　合計転記：当座預金出納帳特別欄（預入）22,800＋受取手形記入帳特別欄合計10,000＝32,800

　４．支払手形勘定

　　　　借　方　個別転記：売上帳諸口欄13,500

　　　　　　　　　合計転記：当座預金出納帳特別欄（引出）合計39,830

　　　　貸　方　個別転記：期首残高17,030

　　　　　　　　　合計転記：支払手形記入帳合計45,000

　５．買　掛　金　勘定

　　　　借　方　個別転記：普通仕訳帳に記入された期中取引7,000

　　　　　　　　　合計転記：当座預金出納帳特別欄（引出）合計4,000＋支払手形記入帳特別欄合計12,000

　　　　　　　　　　　　　　　　　　　＋仕入帳特別欄（朱記）合計1,500＝17,500

　　　　貸　方　個別転記：期首残高15,200

　　　　　　　　　合計転記：仕入帳特別欄合計18,000

TAC株式会社の前期及び当期（×10年4月1日から×11年3月31日まで）に関する下記の〔資料〕を参照して，以下の各問に答えなさい。

問1 直接法によるキャッシュ・フロー計算書を完成させなさい。

問2 間接法によるキャッシュ・フロー計算書（営業活動によるキャッシュ・フローの小計まで）を完成させなさい。

〔資料Ⅰ〕 解答上の留意事項

1. 当社における現金同等物は預入期間3ヶ月以内の定期預金のみである。
2. 特に指示のないものは当座預金による取引である。
3. キャッシュ・フローの減少項目については金額の前に「△」を付すこと。
4. 手形の割引は手形売却損控除後の純額を営業収入としている。
5. 税効果会計は無視すること。

〔資料Ⅱ〕 期中取引等の要約（他の〔資料〕から判明する事項を除く）

1. 現金預金
   (1) 預金は当座預金及び定期預金のみであり，定期預金の増減は以下のとおりである。

預入期間	期首残高	当期増加	当期減少	期末残高
1ヶ月	49,000千円	415,000千円	394,000千円	70,000千円
3ヶ月	88,000千円	386,000千円	343,000千円	131,000千円
6ヶ月	165,000千円	402,000千円	406,000千円	161,000千円
1 年	255,000千円	210,000千円	255,000千円	210,000千円

   (2) 利払日に定期預金利息15,400千円を受け取った。
   (3) 銀行と当座借越契約を締結しており，当期末において当座借越 2,300千円があった。なお，当該当座借越は，当座借越契約に基づき，当座借越限度枠を現金及び現金同等物と同様に利用しているものである。

2. 商品売買
   (1) 当期商品仕入高の内訳は以下のとおりである。
   ① 小 切 手 の 振 出： 915,000千円
   ② 約 束 手 形 振 出： 970,000千円
   ③ 他社振出約束手形の裏書： 240,000千円
   ④ 買 掛 金： 3,354,000千円
   (2) 当期売上高の内訳は以下のとおりである。
   ① 他社振出小切手の受取： 702,000千円
   ② 他社振出約束手形の受取： 1,205,000千円
   ③ 自己振出約束手形の受取： 346,000千円
   ④ 売 掛 金： 4,167,200千円

3．債権債務

(1) 売掛金　？　千円が決済され，現金割引を行った。

(2) 売掛金 1,758,000千円が約束手形により決済されたが，このうち77,000千円は自己振出約束手形であった。

(3) 受取手形　？　千円が決済された。

(4) 買掛金 1,821,200千円を決済し，現金割引を受けた。

(5) 買掛金 1,233,000千円の決済のため，約束手形 1,126,000千円を振り出し，所有約束手形 107,000千円を裏書譲渡した。

(6) 得意先の引受を得て，仕入先指図得意先宛の為替手形 330,500千円を振り出した。

(7) 支払手形 1,540,000千円を決済した。

(8) 売掛金24,300千円（うち期首売掛金17,000千円）が貸倒れた。

(9) 手形額面 100,000千円を割り引き，割引料 1,900千円が差し引かれた残額を当座に預け入れた。

4．有価証券

(1) 保有有価証券は甲社株式のみである。

(2) 前期末に保有していた甲社株式数は 300株であった。

(3) 甲社株式の当期における売買状況は以下のとおりである。

日　付	売　買	株式数	単　価
7月19日	購　入	2,500株	＠ 158千円
10月9日	売　却	2,000株	＠ 164千円

(4) 甲社株式に係る配当金 3,200千円を受け取った。

5．貸付金

(1) 当期に係る貸付金の明細は以下のとおりである。

金　額	貸　付　日	決　済　日
158,000千円	×7年6月1日	×10年5月31日
190,000千円	×9年11月1日	×10年10月31日
350,000千円	×10年7月1日	×11年6月30日
466,000千円	×10年9月1日	×13年8月31日

(2) 決済及び利息の受取は当座により順調に行われており，利払日に貸付金利息 8,200千円を受け取った。

6．有形固定資産

(1) 建物（取得原価 500,000千円，期首減価償却累計額 360,000千円）が×10年7月25日に火災により焼失した。当該焼失建物には保険が付してあり，保険会社から保険金 130,500千円を受け取った。

(2) 備品（取得原価80,000千円，期首減価償却累計額48,500千円）を×10年11月30日に27,900千円で売却した。

(3) 備品 100,000千円を×11年1月10日に掛（決済日×11年5月10日）により購入し，同月より営業の用に供している。

(4) 土地 120,000千円を×11年3月15日に購入した。

7．借入金

(1) 当期に係る借入金の明細は以下のとおりである。

金 額	借 入 日	決 済 日
230,000千円	×7年5月1日	×10年4月30日
275,000千円	×9年12月1日	×10年11月30日
200,000千円	×10年5月1日	×13年4月30日
280,000千円	×11年2月1日	×12年1月31日

(2) 決済及び利息の支払は当座により順調に行われており，利払日に借入金利息13,800千円を支払った。

8．社　債

(1) ×8年4月1日に社債（額面 600,000千円）を額面 100円につき95円で発行した。なお，当該社債は毎年3月末に額面 120,000千円ずつ抽選償還している。

(2) ×10年4月1日に社債（額面 500,000千円，償還期限5年）を額面 100円につき97円で発行した。

(3) 利払日に社債利息25,800千円を支払った。

(4) 償却原価法（定額法）を採用しており，償却額は借入資金の利用高に応じて計算する。

9．増　資

取締役会（×11年1月25日）の決議により，以下のような増資を行い，払込がなされた。

増 資 形 態：第三者割当増資　　　　発 行 株 式 数： 3,000株

払 込 価 格：60千円／株　　　　　　払 込 期 日：×11年3月20日

資本金組入額：会社法規定の原則額　　株 式 交 付 費： 3,000千円

10．その他

(1) 法人税等の前事業年度に係る確定申告納付額は　？　千円であり，当事業年度に係る中間申告納付額は136,000千円である。

(2) 給料 116,100千円，従業員賞与63,000千円及びその他の営業費　？　千円を支払った。

(3) 配当金 175,000千円を支払った。

〔資料Ⅲ〕 決算整理事項等（他の〔資料〕から判明する事項を除く）

1．商 品

期末商品棚卸高は以下のとおりである。

帳簿棚卸高： 454,200千円　　実地棚卸高： 448,600千円

2．有価証券

払出単価は移動平均法により算定している。なお，前期末及び当期末において簿価と時価の乖離は生じていない。

3．有形固定資産

減価償却を以下のとおり行っている。

種 類	償却方法	耐用年数	残存価額
建 物	定 額 法	30年	10%
備 品	定 額 法	10年	10%

4．引当金

(1) 従業員賞与の支給のため賞与引当金を設定している。なお，見積額と実績額は一致している。

(2) 売上債権期末残高（割引手形及び裏書手形を除く）に対して毎期2％の貸倒引当金を差額補充法により設定している。

5．法人税，住民税及び事業税

法人税，住民税及び事業税を 275,000千円計上する。

[資料Ⅳ] 損益計算書及び貸借対照表（単位：千円）

1．損益計算書

損 益 計 算 書

自×10年4月1日　至×11年3月31日

売 上 原 価	5,396,000	売 上 高	6,420,200
棚 卸 減 耗 費	5,600	受 取 利 息 配 当 金	33,500
給 料	116,700	有 価 証 券 売 却 益	18,000
賞 与	42,900	仕 入 割 引	21,200
賞 与 引 当 金 繰 入 額	22,200	備 品 売 却 益	1,200
貸 倒 損 失	7,300		
貸 倒 引 当 金 繰 入 額	14,740		
建 物 減 価 償 却 費	65,000		
備 品 減 価 償 却 費	70,050		
そ の 他 の 営 業 費	140,710		
支 払 利 息	13,300		
社 債 利 息	34,800		
株 式 交 付 費 償 却	1,000		
手 形 売 却 損	1,900		
売 上 割 引	7,400		
火 災 損 失	4,500		
法人税, 住民税及び事業税	275,000		
当 期 純 利 益	275,000		
	6,494,100		6,494,100

2．貸借対照表

貸 借 対 照 表

前　期：×10年３月31日

当　期：×11年３月31日

科　　　　目	前　期	当　期	科　　　　目	前　期	当　期
現 金 及 び 預 金	587,750	971,840	支 払 手 形	617,000	750,000
受 取 手 形	796,000	798,000	買 掛 金	1,288,700	1,258,000
売 掛 金	1,254,000	1,139,000	短 期 借 入 金	275,000	282,300
貸 倒 引 当 金	△ 41,000	△ 38,740	一年内返済予定長期借入金	230,000	—
有 価 証 券	39,000	124,000	一 年 内 償 還 社 債	118,000	118,000
商 品	371,200	448,600	未 払 金	—	100,000
前 払 費 用	8,200	8,800	未 払 費 用	6,600	6,700
未 収 収 益	5,000	11,700	未 払 法 人 税 等	138,500	139,000
短 期 貸 付 金	348,000	350,000	賞 与 引 当 金	20,100	22,200
建 物	2,500,000	2,000,000	社 債	230,000	604,000
減価償却累計額	△1,150,000	△ 850,000	長 期 借 入 金	—	200,000
備 品	780,000	800,000	資 本 金	2,820,000	3,000,000
減価償却累計額	△ 425,250	△ 442,000	利 益 準 備 金	302,500	320,000
土 地	1,683,000	1,803,000	任 意 積 立 金	200,000	200,000
長 期 貸 付 金	—	466,000	繰 越 利 益 剰 余 金	509,500	592,000
株 式 交 付 費	—	2,000			
合 計	6,755,900	7,592,200	合 計	6,755,900	7,592,200

（注）経過勘定の内訳

	内　　訳	前　期	当　期
前 払 費 用	前払その他の営業費	8,200	8,800
未 収 収 益	未収利息配当金	5,000	11,700
未 払 費 用	未 払 給 料	4,100	4,700
	未 払 利 息	2,500	2,000

【解答】

問1 (単位:千円)

キャッシュ・フロー計算書
自×10年4月1日　至×11年3月31日

I 営業活動によるキャッシュ・フロー

営　業　収　入	(★	5,399,100)
商品の仕入れによる支出	(★ △	4,255,000)
人　件　費　の　支　出	(★ △	179,100)
その他の営業支出	(★ △	141,310)
小　　　計	(	823,690)
利息及び配当金の受取額	(★	26,800)
利　息　の　支　払　額	(△	39,600)
災害による保険金収入	(	130,500)
法　人　税　等　の　支　払　額	(★ △	274,500)
営業活動によるキャッシュ・フロー	(	666,890)

II 投資活動によるキャッシュ・フロー

定期預金の預入による支出	(★ △	612,000)
定期預金の払戻による収入	(	661,000)
有価証券の取得による支出	(★ △	395,000)
有価証券の売却による収入	(	328,000)
有形固定資産の取得による支出	(★ △	120,000)
有形固定資産の売却による収入	(	27,900)
貸付けによる支出	(△	816,000)
貸付金の回収による収入	(★	348,000)
投資活動によるキャッシュ・フロー	(△	578,100)

III 財務活動によるキャッシュ・フロー

短期借入れによる収入	(★	280,000)
短期借入金の返済による支出	(△	275,000)
長期借入れによる収入	(	200,000)
長期借入金の返済による支出	(★ △	230,000)
社債の発行による収入	(★	485,000)
社債の償還による支出	(△	120,000)
株式の発行による収入	(★	177,000)
配　当　金　の　支　払　額	(★ △	175,000)
財務活動によるキャッシュ・フロー	(	342,000)

IV 現金及び現金同等物の増加額	(	430,790)
V 現金及び現金同等物の期首残高	(★	167,750)
VI 現金及び現金同等物の期末残高	(★	598,540)

問2 （単位：千円）

キャッシュ・フロー計算書

自×10年4月1日　至×11年3月31日

I　営業活動によるキャッシュ・フロー

（税 引 前 当 期 純 利 益）	（★		550,000 ）
（減 価 償 却 費）	（★		135,050 ）
貸 倒 引 当 金 の 減 少 額	（★	△	2,260 ）
賞 与 引 当 金 の 増 加 額	（		2,100 ）
受 取 利 息 及 び 受 取 配 当 金	（	△	33,500 ）
支 払 利 息	（★		48,100 ）
（株 式 交 付 費 償 却）	（★		1,000 ）
有 価 証 券 売 却 益	（	△	18,000 ）
有 形 固 定 資 産 売 却 益	（	△	1,200 ）
火 災 損 失	（		4,500 ）
売 上 債 権 の 減 少 額	（★		113,000 ）
棚 卸 資 産 の 増 加 額	（★	△	77,400 ）
前 払 費 用 の 増 加 額	（	△	600 ）
仕 入 債 務 の 増 加 額	（		102,300 ）
未 払 費 用 の 増 加 額	（★		600 ）
小 計	（		823,690 ）

【採点基準】

　★4点×25箇所＝100点

【解答時間及び得点】

	日　付	解答時間	得　点	Ｍ　Ｅ　Ｍ　Ｏ
1	／	分	点	
2	／	分	点	
3	／	分	点	
4	／	分	点	
5	／	分	点	

【チェック・ポイント】

出題分野	出題論点	日　付				
		／	／	／	／	／
キャッシュ・フロー計算書	直　　　接　　　法					
	間　　　接　　　法					

【解答への道】（単位：千円）

Ⅰ．　 問1 　について

　1．現金及び現金同等物の期首残高及び期末残高

　　(1) 現金及び現金同等物の期首残高

　　　　前期B/S　現金及び預金587,750－定期預金期首残高（6ヶ月165,000＋1年255,000）＝167,750

　　(2) 現金及び現金同等物の期末残高

　　　　当期B/S　現金及び預金971,840－定期預金期末残高（6ヶ月161,000＋1年210,000）

　　　　　　　　　　　　　　　　　　　　　　　　　　　　　　　　　　　　　－当座借越2,300＝598,540

　　(注)　当座借越限度枠を企業が現金及び現金同等物と同様に利用している場合，期末において当座借越が生
　　　　じている時は，C/S上，当該当座借越を「負の現金同等物（現金同等物のマイナス）」として，「現金
　　　　及び現金同等物の期末残高」から控除する。

２．営業活動によるキャッシュ・フロー

(1) 営業収入

(借) 現 金 及 び 現 金 同 等 物	5,399,100	(貸) 営 業 収 入	5,399,100(*1)

(*1) 当座売上高702,000＋受取手形当座決済額2,437,000(*2)

+売掛金当座決済額2,162,000(*3)＋手形割引高98,100(*4)＝5,399,100

(*2)(*3)

受 取 手 形			
期　　　首	796,000	手形裏書	240,000
売　　　上	1,205,000	現及現同 ∴	2,437,000 (*2)
売　掛　金	1,681,000 (*5)	手形裏書	107,000
		手形割引	100,000
		期　　　末	798,000

売 掛 金			
期　　　首	1,254,000	現及現同 ∴	2,162,000 (*3)
売　　　上	4,167,200	売上割引	7,400
		受取手形	1,681,000 (*5)
		支払手形	77,000
		買　掛　金	330,500
		貸　　　倒	24,300
		期　　　末	1,139,000

(*4) 額面100,000－割引料1,900＝98,100

(*5) 売掛金の手形決済額1,758,000－自己振出約束手形の回収77,000＝1,681,000

(2) 商品の仕入れによる支出

(借) 商品の仕入れによる支出	4,255,000(*1)	(貸) 現 金 及 び 現 金 同 等 物	4,255,000

(*1) 当座仕入高915,000＋支払手形当座決済額1,540,000＋買掛金当座決済額1,800,000(*2)＝4,255,000

(*2) 1,821,200－P/L 仕入割引21,200＝1,800,000

支 払 手 形			
売　　　上	346,000	期　　　首	617,000
売　掛　金	77,000	仕　　　入	970,000
現及現同	1,540,000	買　掛　金	1,126,000
期　　　末	750,000		

買 掛 金			
現及現同	1,800,000	期　　　首	1,288,700
仕入割引	21,200	仕　　　入	3,354,000
支払手形	1,126,000		
手形裏書	107,000		
売　掛　金	330,500		
期　　　末	1,258,000		

(3) 人件費の支出

(借) 人 件 費 の 支 出	179,100(*1)	(貸) 現 金 及 び 現 金 同 等 物	179,100

(*1) 給料116,100＋従業員賞与63,000＝179,100

(4) その他の営業支出

(借) そ の 他 の 営 業 支 出	141,310(*1)	(貸) 現 金 及 び 現 金 同 等 物	141,310

(*1)

その他の営業費

前期末前払	8,200	当期末前払	
当期支払額			8,800
∴ 141,310 (*1)		P/L 140,710	

(5) 利息及び配当金の受取額

(借)	現 金 及 び 現 金 同 等 物	26,800	(貸)	利息及び配当金の受取額	26,800(*1)

(*1)　定期預金利息15,400＋受取配当金3,200＋貸付金利息8,200＝26,800

(6) 利息の支払額

(借)	利 息 の 支 払 額	39,600(*1)	(貸)	現 金 及 び 現 金 同 等 物	39,600

(*1)　借入金利息13,800＋社債利息25,800＝39,600

（参考1）利息及び配当金の受取額・利息の支払額

1．範　囲

キャッシュ・フロー計算書上，有価証券利息の受取額は「利息及び配当金の受取額」に含め，社債利息の支払額は「利息の支払額」に含めて表示する。

2．表示区分

利息及び配当金に係るキャッシュ・フローは，次のいずれかの方法により記載する。なお，利息の受取額及び支払額は，相殺せずに総額で表示する。

> ① 受取利息，受取配当金及び支払利息は「営業活動によるキャッシュ・フロー」の区分に記載し，支払配当金は「財務活動によるキャッシュ・フロー」の区分に記載する。
> ② 受取利息及び受取配当金は「投資活動によるキャッシュ・フロー」の区分に記載し，支払利息及び支払配当金は「財務活動によるキャッシュ・フロー」の区分に記載する。

(7) 災害による保険金収入

(借)	現 金 及 び 現 金 同 等 物	130,500	(貸)	災 害 に よ る 保 険 金 収 入	130,500

(8) 法人税等の支払額

(借)	法 人 税 等 の 支 払 額	274,500(*1)	(貸)	現 金 及 び 現 金 同 等 物	274,500

(*1)　確定申告納付額138,500(*2)＋中間申告納付額136,000＝274,500

(*2)　前期B/S　未払法人税等より

3．投資活動によるキャッシュ・フロー

(1) 定期預金

(借)	定期預金の預入による支出	612,000(*1)	(貸)	現 金 及 び 現 金 同 等 物	612,000
(借)	現 金 及 び 現 金 同 等 物	661,000	(貸)	定期預金の払戻による収入	661,000(*2)

(*1) 6ヶ月402,000＋1年210,000＝612,000

(*2) 6ヶ月406,000＋1年255,000＝661,000

(2) 有価証券

(借)	有価証券の取得による支出	395,000(*1)	(貸)	現 金 及 び 現 金 同 等 物	395,000
(借)	現 金 及 び 現 金 同 等 物	328,000	(貸)	有価証券の売却による収入	328,000(*2)

(*1) @158×2,500株＝395,000

(*2) @164×2,000株＝328,000

(3) 有形固定資産

(借)	有形固定資産の取得による支出	120,000(*1)	(貸)	現 金 及 び 現 金 同 等 物	120,000
(借)	現 金 及 び 現 金 同 等 物	27,900	(貸)	有形固定資産の売却による収入	27,900(*2)

(*1) 土地購入代金

(*2) 備品売却代金

(注) 備品 100,000を購入しているが，代金は掛としているため，C/S には計上されない。

(4) 貸付金

(借)	貸 付 け に よ る 支 出	816,000(*1)	(貸)	現 金 及 び 現 金 同 等 物	816,000
(借)	現 金 及 び 現 金 同 等 物	348,000	(貸)	貸 付 金 の 回 収 に よ る 収 入	348,000(*2)

(*1) X10.7貸付350,000＋X10.9貸付466,000＝816,000

(*2) X10.5決済158,000＋X10.10決済190,000＝348,000

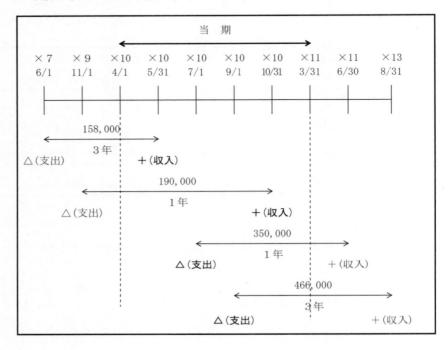

４．財務活動に係るキャッシュ・フロー

(1) 借入金

(借)	現 金 及 び 現 金 同 等 物	280,000	(貸)	短 期 借 入 れ に よ る 収 入	280,000	(*1)
(借)	短 期 借 入 金 の 返 済 に よ る 支 出	275,000 (*2)	(貸)	現 金 及 び 現 金 同 等 物	275,000	
(借)	現 金 及 び 現 金 同 等 物	200,000	(貸)	長 期 借 入 れ に よ る 収 入	200,000	(*3)
(借)	長 期 借 入 金 の 返 済 に よ る 支 出	230,000 (*4)	(貸)	現 金 及 び 現 金 同 等 物	230,000	

(*1) 短期借入金(X11.2借入)

(*2) 短期借入金(X10.11決済)

(*3) 長期借入金(X10.5借入)

(*4) 長期借入金(X10.4決済)

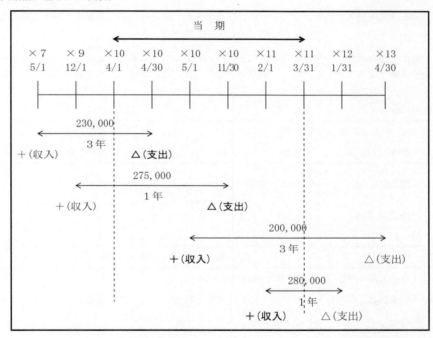

（参考２）借入金の表示科目

1．貸借対照表（一年基準）

　　　貸借対照表における流動負債の短期借入金は「決算日の翌日から一年以内に返済」される借入金を，固定負債の長期借入金は「決算日の翌日から一年を超えて返済」される借入金を意味する。したがって，借入期間が一年を超える借入金であっても，決算日の翌日から一年以内に返済日が到来する場合は，貸借対照表上，「長期借入金」ではなく「**短期借入金**」又は「**一年内返済予定長期借入金**」として表示する。

2．キャッシュ・フロー計算書

　　　キャッシュ・フロー計算書における短期借入金は「借入期間が一年以内」である借入金を意味し，長期借入金は「借入期間が一年を超える」借入金を意味する。 したがって，借入期間が一年以内である借入金の増減については「短期借入れによる収入」「短期借入金の返済による支出」として表示し，借入期間が一年を超える借入金の増減については「長期借入れによる収入」「長期借入金の返済による支出」として表示する。

　　　特に，借入期間が一年を超える借入金が当期に返済日が到来して返済された場合であっても「短期借入金の返済による支出」ではなく「長期借入金の返済による支出」として表示される点に注意すること。

(2) 社　債

（借）	現 金 及 び 現 金 同 等 物	485,000	（貸）	社 債 の 発 行 に よ る 収 入	485,000（*1）
（借）	社 債 の 償 還 に よ る 支 出	120,000（*2）	（貸）	現 金 及 び 現 金 同 等 物	120,000

（*1）　額面500,000 × $\dfrac{97円}{100円}$ ＝485,000

（*2）　抽選償還分

(3) 増　資

（借）	現 金 及 び 現 金 同 等 物	177,000	（貸）	株 式 の 発 行 に よ る 収 入	177,000（*1）

（*1）　@60×3,000株－株式交付費3,000＝177,000

（注）　資金調達に係る収入は，原則として，実質手取額によって表示する点に注意すること。

(4) 配当金

（借）	配 当 金 の 支 払 額	175,000	（貸）	現 金 及 び 現 金 同 等 物	175,000

Ⅱ. 問2 について

キャッシュ・フロー計算書

自×10年4月1日　至×11年3月31日

Ⅰ　営業活動によるキャッシュ・フロー

税 引 前 当 期 純 利 益		550,000 (*1)
減 価 償 却 費		135,050 (*2)
貸 倒 引 当 金 の 減 少 額	△	2,260 (*3)
賞 与 引 当 金 の 増 加 額		2,100 (*4)
受 取 利 息 及 び 受 取 配 当 金	△	33,500 (*5)
支 払 利 息		48,100 (*6)
株 式 交 付 費 償 却		1,000 (*5)
有 価 証 券 売 却 益	△	18,000 (*5)
有 形 固 定 資 産 売 却 益	△	1,200 (*5)
火 災 損 失		4,500 (*5)
売 上 債 権 の 減 少 額		113,000 (*7)
棚 卸 資 産 の 増 加 額	△	77,400 (*8)
前 払 費 用 の 増 加 額	△	600 (*9)
仕 入 債 務 の 増 加 額		102,300 (*10)
未 払 費 用 の 増 加 額		600 (*11)
小　　　　　計		823,690

(*1)　P/L 当期純利益275,000＋P/L 法人税，住民税及び事業税275,000＝550,000

(*2)　P/L 建物減価償却費65,000＋P/L 備品減価償却費70,050＝135,050

(*3)　前期B/S 41,000－当期B/S 38,740＝2,260

(*4)　当期B/S 22,200－当期B/S 20,100＝2,100

(*5)　P/L より

(*6)　P/L 支払利息13,300＋P/L 社債利息34,800＝48,100

(*7)　前期B/S(受取手形796,000＋売掛金1,254,000)

　　　　　　　　　　　　　　　－当期B/S(受取手形798,000＋売掛金1,139,000)＝113,000

(*8)　当期B/S 448,600－前期B/S 371,200＝77,400

(*9)　当期前払その他の営業費8,800－前期前払その他の営業費8,200＝600

(*10)　当期B/S(支払手形750,000＋買掛金1,258,000)－前期B/S(支払手形617,000＋買掛金1,288,700)

　　　　　　　　　　　　　　　　　　　　　　　　　　　　　　　　　　　＝102,300

(*11)　当期未払給料4,700－前期未払給料4,100＝600

(注)　間接法によるキャッシュ・フロー計算書において，「営業活動に係る資産及び負債の増減額」として
調整されるのは営業活動に係る項目である点に注意すること。

（参考３）間接法の作成方法

　間接法では「税引前当期純利益」からスタートして「小計」欄において「本来の意味での営業活動によるキャッシュ・フロー」を表示する。

　その調整は，大まかに「税引前当期純利益」から「営業ＣＦに対応する営業利益」への修正，「営業ＣＦに対応する営業利益」から「本来の意味での営業ＣＦ」への修正と分けることができる。

> 税引前当期純利益　──→　営業ＣＦに対応する営業利益　──→　本来の意味での営業ＣＦ
> 　　①　　　　　　　　　　　　　　　　　　　　②③　　（「小計」欄の金額）

　「税引前当期純利益から営業ＣＦに対応する営業利益」への修正は，①「小計」欄以降に表示されるＣＦに係る営業外損益・特別損益項目の調整であり，「営業ＣＦに対応する営業利益から本来の意味での営業ＣＦ」への修正は，②非資金損益項目，③営業活動に係る資産及び負債の増減額に分けることができる。

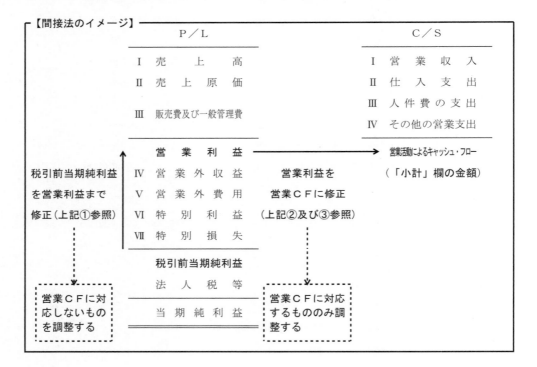

```
Ⅰ  営業活動によるキャッシュ・フロー

     税 引 前 当 期 純 利 益        ×××
     非  資  金  収  益     △ ×××   ⎫
                                      ⎬  ②  非資金損益項目
     非  資  金  費  用        ×××   ⎭


     小計欄以降に係る営業外収益    △ ×××   ⎫
     小計欄以降に係る営業外費用        ×××   ⎪  ①「小計」欄以降のCFに係る
     小計欄以降に係る特別利益     △ ×××   ⎬
                                            ⎪       営業外損益・特別損益項目
     小計欄以降に係る特別損失        ×××   ⎭


     営業活動に係る資産の増加額    △ ×××   ⎫
     営業活動に係る資産の減少額        ×××   ⎪  ③  営業活動に係る
     営業活動に係る負債の増加額        ×××   ⎬
                                            ⎪       資産及び負債の増減額
     営業活動に係る負債の減少額    △ ×××   ⎭

     小         計            ×××  ← 本来の意味での営業CF
```

1．「小計」欄以降のＣＦに係る営業外損益・特別損益項目

（1）意　義

「小計」欄以降に表示されるキャッシュ・フローを総額で表示するため，**税引前当期純利益の算定に影響を与えた「小計」欄以降に表示されるキャッシュ・フローに係る営業外損益，特別損益項目を調整する**。例えば，受取利息及び受取配当金，支払利息，有形固定資産売却損益，投資有価証券売却損益等である。

当該項目は「税引前当期純利益」から「営業ＣＦに対応する営業利益」へ修正するため「税引前当期純利益」に対し，営業ＣＦに対応しない営業外収益及び特別利益は「減算調整」し，営業ＣＦに対応しない営業外費用及び特別損失は「加算調整」する。

営業外損益及び特別損益	税引前当期純利益への調整
営業外収益及び特別利益 ——————→	減　算　調　整
営業外費用及び特別損失 ——————→	加　算　調　整

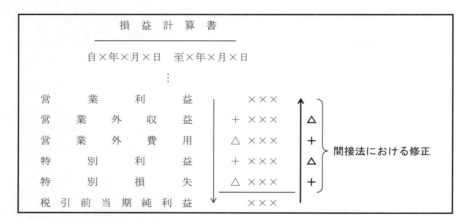

2．非資金損益項目

非資金損益項目とは，税引前当期純利益の計算には反映されているが，キャッシュ・フローを伴わない項目であり，例えば「固定資産の減価償却費，繰延資産の償却額」等である。

「営業ＣＦに対応する営業利益」から「本来の意味での営業ＣＦ」へ修正するため，非資金損益項目は「税引前当期純利益」に対し，非資金収益は減算調整，非資金費用は加算調整する。

非資金損益項目	税引前当期純利益への調整
非 資 金 収 益 ——————→	減　算　調　整
非 資 金 費 用 ——————→	加　算　調　整

なお，営業債権の貸倒損失，棚卸資産の棚卸減耗費・低価評価損等，営業活動に係る資産及び負債に関連して発生した非資金損益項目は間接法において**特別な調整は必要ない**。

3．営業活動に係る資産及び負債の増減額

　　「営業ＣＦに対応する営業利益」から「本来の意味での営業ＣＦ」へ修正するため，営業活動に係る資産及び負債の増減額を「税引前当期純利益」に調整する。例えば，**「売上債権の増減額」**，「棚卸資産の増減額」，「仕入債務の増減額」，「営業活動に係る経過勘定の増減額」，「営業活動に係る引当金の増減額」等がある。なお，各項目の「税引前当期純利益」への調整は以下のようになる。

営業活動に係る資産・負債の増減	税引前当期純利益への調整
資 産 の 増 加 ⟶	減 算 調 整
資 産 の 減 少 ⟶	加 算 調 整
負 債 の 増 加 ⟶	加 算 調 整
負 債 の 減 少 ⟶	減 算 調 整

　TAC株式会社の当期（自×5年4月1日　至×6年3月31日）に関する下記の〔**資料**〕を参照して，以下の各問に答えなさい。

問1　直接法によるキャッシュ・フロー計算書を完成させなさい。

問2　間接法によるキャッシュ・フロー計算書（営業活動によるキャッシュ・フローの小計欄まで）を完成させなさい。

〔**資料Ⅰ**〕　解答上の留意事項
1．当社における預金は当座預金及び定期預金のみである。
2．当社における現金同等物は預入期間3ヶ月以内の定期預金のみである。
3．手形の割引・裏書に際し，保証債務の計上は行っていない。
4．受取利息，受取配当金及び支払利息は「営業活動によるキャッシュ・フロー」の区分に記載し，支払配当金は「財務活動によるキャッシュ・フロー」の区分に記載している。
5．特に指示のない取引は，当座預金によって取引が行われているものとする。
6．当期末の直物為替レートは 120円／ドルである。
7．キャッシュ・フローの減少項目については金額の前に「△」を付すこと。
8．税効果会計は無視すること。

〔資料Ⅱ〕　期中取引等

1．現金及び預金

(1) 現　金

　　期末に金庫を実査したところ，当期に取得した米ドル紙幣20千ドル（取得日レート：123円／ドル）が保管されていた。

(2) 定期預金

　　定期預金の取引状況は以下のとおりである。

金　　額	預　入　日	満　期　日	預入期間
99,000千円	×5年6月15日	×5年9月14日	3ヶ月
140,000千円	×6年2月21日	×6年5月20日	3ヶ月
186,000千円	×4年12月1日	×5年5月31日	6ヶ月
200,000千円	×5年7月8日	×6年1月7日	6ヶ月
240,000千円	×5年11月12日	×6年11月11日	1　年
315,000千円	×6年3月10日	×8年3月9日	2　年

(3) 当期中に定期預金に係る利息 7,000千円を受け取った。

2．商品売買

(1) 仕入取引

　　当社は国内の仕入先のみから商品を仕入れている。当期における仕入取引の要約は以下のとおりである。

当座仕入	手形仕入	掛 仕 入
1,029,000千円	1,360,500千円	3,871,000千円

(2) 販売取引

①　当社は従来より国内の得意先に商品を販売している。当期における販売取引の要約は以下のとおりである。

当座売上	手形売上	掛 売 上	前受金による売上
789,500千円	1,423,000千円	4,820,000千円	195,000千円

②　当社は当期より海外の得意先に商品を販売している。当期における販売取引の要約は以下のとおりである。

当座売上	手形売上	掛 売 上
―	―	4,500千ドル

3．仕入債務及び売上債権

(1) 仕入債務の決済状況等は以下のとおりである。

① 買掛金

当座決済高： 2,159,800千円	備考：左記金額から現金割引 ？ 千円を差引いた残額を小切手を振り出して支払った。
手形決済高： 1,388,000千円	備考：そのうち， 135,800千円は他社振出約束手形の裏書譲渡である。
そ の 他： 351,000千円	備考：仕入先指図得意先宛の為替手形を振り出した。

② 支払手形

当座決済高： 2,504,700千円	備考：な し
そ の 他： 86,000千円	備考：売掛金決済時に86,000千円の自己振出約束手形を回収した。

(2) 国内の得意先に対する売上債権の決済状況等は以下のとおりである。

① 売掛金

当座決済高： ？ 千円	備考：現金割引 ？ 千円を差引いた残額を当座に預け入れた。
手形決済高： 1,977,700千円	備考：そのうち，86,000千円は自己振出約束手形の回収である。
貸 倒 高： 30,500千円	備考：内訳は前期発生売掛金20,100千円及び当期発生売掛金10,400千円である。
そ の 他： 351,000千円	備考：仕入先指図得意先宛の為替手形を振り出した。

② 受取手形

当座決済高： ？ 千円	備考：な し
手形割引高： 80,000千円	備考：額面80,000千円を割り引き，割引料 ？ 千円を差引いた残額を当座に預け入れた。
手形裏書高： 135,800千円	備考：買掛金決済時に， 135,800千円の他社振出約束手形を裏書譲渡した。

(3) その他の仕入債務及び売上債権

① 海外の得意先に対する売掛金を決済した際に，為替差益 8,400千円が計上されている。なお，海外の得意先に対する売掛金の決済はすべて当座により行われており，貸倒等は一切生じていない。

② 海外の得意先に対する売掛金のうち，期末において未決済のものは以下のとおりである。

金 額	取 得 日	直物為替相場	決 済 日
500千ドル	×6年3月3日	122円／ドル	×6年5月31日
400千ドル	×6年3月18日	119円／ドル	×6年5月31日

③ 前受金 202,000千円を受け取った。

4．有価証券

(1) 有価証券の取得又は売却状況は以下のとおりである。

銘　　柄	取　得　日	取得原価	保有目的	備　　考
ＡＡ社株式	×５年１月30日	86,000千円	売買目的	①
ＢＢ社株式	×５年12月４日	122,000千円	売買目的	―
ＣＣ社社債	×５年４月１日	188,000千円	満期保有	②
ＤＤ社株式	×５年６月６日	172,000千円	子 会 社	―
ＥＥ社株式	×２年８月７日	212,000千円	その他	③

　　①　当期中にＡＡ社株式のすべてを89,500千円で売却した。

　　②　ＣＣ社社債は，額面金額 200,000千円，償還日×９年３月31日，年利率 ？ ％，利払日毎年３月末
　　　（後払い）の条件で発行されたものである。また，償却原価法（定額法）を適用する。

　　③　当期中にＥＥ社株式のすべてを 198,400千円で売却した。

(2) 当期中に株式に係る配当金11,200千円を受け取った。

5．貸付金

(1) 貸付金の取引状況は以下のとおりである。

金　　額	貸　付　日	決　済　日	貸付期間
300,000千円	×３年10月１日	×５年９月30日	２　年
360,000千円	×５年８月１日	×８年７月31日	３　年
155,000千円	×６年１月１日	×６年12月31日	１　年

(2) 当期中に貸付金に係る利息10,500千円を受け取った。

6．有形固定資産

(1) 建　物

　　×5年11月30日に渋谷区内で大規模な火災が発生した。これにより，取得原価 600,000千円，期首減価償却累計額 486,000千円の建物が焼失したが，当該建物には保険が付してあったため，保険会社から保険金 ？ 千円を受け取った。なお，当該建物は耐用年数30年，残存価額10%，定額法により減価償却を行っている。

(2) 車　両

　　当期において，以下の条件で車両のリース契約を締結した。

① 　リース契約開始日：×5年4月1日

② 　リ ー ス 期 間：4年

③ 　貸手の購入価額：260,000千円

④ 　貸手の計算利子率：年3%

⑤ 　リース料の支払：70,000千円（毎年3月末に後払い）

⑥ 　期 間 中 の 解 約：可能（違約金等の追加費用は発生しない）

(3) 備　品

　　備品 120,000千円を×6年2月14日に購入し，同日において取得原価のうち80,000千円を小切手を振り出して支払った。なお，残額は掛（決済日：×6年4月30日）としている。

(4) 土　地

　　取得原価 240,000千円の土地を ？ 千円で売却した。

7．借入金

(1) 借入金の取引状況は以下のとおりである。

金　　額	借 入 日	返 済 日	借入期間
345,000千円	×1年11月1日	×5年10月31日	4　年
135,000千円	×5年3月1日	×5年12月31日	10ヶ月
250,000千円	×5年5月1日	×6年4月30日	1　年
1,200千ドル	×6年2月1日	×9年1月31日	3　年

　　（注）　×6年2月1日の直物為替相場は 125円／ドルであった。

(2) 当期中に借入金に係る利息 ？ 千円を支払った。

8．社債及び新株の発行

(1) 社債の発行

額　面	発行価額	発　行　日	年利率	利払日	償還方法
450,000千円	450,000千円	×5年4月1日	4％	3月末	毎年3月末に5分の1ずつ抽選償還

(2) 新株の発行

　　時価発行増資を行い，　？　千円が払い込まれた。なお，資本金組入額は会社法規定の原則額とする。

9．その他

(1) ×5年6月24日開催の株主総会において以下の事項を決議した。

　　　利益準備金の積立　16,000千円　　任意積立金の積立　75,000千円

　　　繰越利益剰余金の配当　　？　千円　　役員賞与金の支払額　　？　千円

(2) 配当金及び役員賞与金の支払を行った。

(3) 自己株式　？　千円を取得した。

(4) 法人税等の前事業年度に係る確定申告納付額は　154,000千円であり，当事業年度に係る中間申告納付額は　？　千円であった。

(5) 給料　？　千円を支払った。

(6) 営業費　189,530千円を支払った。

〔資料Ⅲ〕　損益計算書，株主資本等変動計算書及び貸借対照表（単位：千円）

損　益　計　算　書

自×5年4月1日　至×6年3月31日

期 首 商 品 棚 卸 高	462,000	売　　　　　上　　　　　高	7,782,500
当 期 商 品 仕 入 高	6,260,500	期 末 商 品 棚 卸 高	520,000
商 品 低 価 評 価 損	6,500	受 取 利 息 配 当 金	33,250
棚 卸 減 耗 費	19,000	有 価 証 券 利 息	11,000
営　　　　業　　　　費	188,730	有 価 証 券 売 却 益	2,500
給　　　　　　　　　料	333,900	有 価 証 券 評 価 益	2,100
役 員 賞 与 引 当 金 繰 入 額	52,000	仕　　　入　　　割　　　引	21,700
貸　　倒　　損　　失	10,400	為　　替　　差　　益	13,740
貸 倒 引 当 金 繰 入 額	22,340	土　　地　　売　　却　　益	15,400
建 物 減 価 償 却 費	72,000		
備 品 減 価 償 却 費	91,800		
支 払 リ ー ス 料	70,000		
支　　払　　利　　息	19,900		
社　　債　　利　　息	18,000		
売　　上　　割　　引	19,200		
手　形　売　却　損	600		
投 資 有 価 証 券 売 却 損	13,600		
火　　災　　損　　失	24,000		
法人税，住民税及び事業税	300,000		
当　期　純　利　益	417,720		
	8,402,190		8,402,190

株主資本等変動計算書

自×5年4月1日　至×6年3月31日

		株主資本			
			利益剰余金		
				その他利益剰余金	利　益剰余金合　計
	資本金	利　益準備金	任　意積立金	繰越利益剰余金	
×5年4月1日残高	3,450,000	140,000	180,000	?	?
事業年度中の変動額					
新株の発行	250,000				
剰余金の配当		16,000		△ 176,000	△ 160,000
任意積立金の積立			75,000	△ 75,000	0
当期純利益				417,720	417,720
自己株式の取得					
株主資本以外の項目の事業年度中の変動額(純額)					
事業年度中の変動額合計	250,000	16,000	75,000	166,720	257,720
×6年3月31日残高	3,700,000	156,000	255,000	?	?

	株主資本		評価・換算差額等		
	自己株式	株主資本合　計	その他有価証券評価差額金	評価・換算差額等合計	純資産合　計
×5年4月1日残高	—	?	3,000	3,000	?
事業年度中の変動額					
新株の発行		250,000			250,000
剰余金の配当		△ 160,000			△ 160,000
任意積立金の積立		0			0
当期純利益		417,720			417,720
自己株式の取得	△ 15,000	△ 15,000			△ 15,000
株主資本以外の項目の事業年度中の変動額(純額)			△ 3,000	△ 3,000	△ 3,000
事業年度中の変動額合計	△ 15,000	492,720	△ 3,000	△ 3,000	489,720
×6年3月31日残高	△ 15,000	?	0	0	?

貸借対照表

前　期　　×5年3月31日
当　期　　×6年3月31日

科　　目	前　期	当　期	科　　目	前　期	当　期
現 金 及 び 預 金	558,250	893,360	支 払 手 形	?	665,000
受 取 手 形	776,000	813,000	買 掛 金	1,160,000	?
貸 倒 引 当 金	△ 15,520	△ 16,260	短 期 借 入 金	480,000	250,000
売 掛 金	1,124,000	1,199,000	一 年 内 償 還 社 債	—	90,000
貸 倒 引 当 金	△ 22,480	△ 23,980	未 払 金	—	40,000
有 価 証 券	87,000	124,100	未 払 費 用	12,700	16,800
商 品	462,000	494,500	未 払 法 人 税 等	154,000	160,000
前 払 費 用	3,200	4,000	前 受 金	35,000	42,000
未 収 収 益	5,250	9,800	役 員 賞 与 引 当 金	55,000	52,000
短 期 貸 付 金	300,000	155,000	社 債	—	270,000
建 物	2,600,000	2,000,000	長 期 借 入 金	—	144,000
減 価 償 却 累 計 額	△ 1,512,000	△ 1,086,000	資 本 金	3,450,000	?
備 品	1,000,000	1,120,000	利 益 準 備 金	140,000	156,000
減 価 償 却 累 計 額	△ 348,000	△ 439,800	任 意 積 立 金	180,000	255,000
土 地	1,500,000	1,260,000	繰 越 利 益 剰 余 金	?	?
投 資 有 価 証 券	215,000	191,000	自 己 株 式	—	?
子 会 社 株 式	—	172,000	その他有価証券評価差額金	3,000	—
長 期 貸 付 金	—	360,000			
長 期 性 預 金	—	315,000			
合 計	6,732,700	7,544,720	合 計	6,732,700	7,544,720

（注）　貸借対照表の補足データ

	前　期	当　期
営 業 費 の 繰 延	3,200千円	4,000千円
受 取 利 息 の 見 越	5,250千円	9,800千円
給 料 の 見 越	7,500千円	9,200千円
支 払 利 息 の 見 越	5,200千円	7,600千円

【MEMO】

【解答】

問1 （単位：千円）

キャッシュ・フロー計算書

自×5年4月1日　至×6年3月31日

I 営業活動によるキャッシュ・フロー			III 財務活動によるキャッシュ・フロー		
営 業 収 入	（★	7,062,200 ）	短期借入れによる収入	（	250,000 ）
商品の仕入れによる支出	（ △	5,671,800 ）	短期借入金の返済による支出	（ △	135,000 ）
人 件 費 の 支 出	（★ △	387,200 ）	長期借入れによる収入	（★	150,000 ）
そ の 他 の 営 業 支 出	（★ △	259,530 ）	長期借入金の返済による支出	（ △	345,000 ）
小 計	（	743,670 ）	社債の発行による収入	（	450,000 ）
利息及び配当金の受取額	（★	36,700 ）	社債の償還による支出	（★ △	90,000 ）
利 息 の 支 払 額	（★ △	35,500 ）	株式の発行による収入	（	250,000 ）
災害による保険金収入	（★	78,000 ）	（自己株式の取得による支出）	（★ △	15,000 ）
法 人 税 等 の 支 払 額	（★ △	294,000 ）	配 当 金 の 支 払 額	（★ △	160,000 ）
営業活動によるキャッシュ・フロー	（	528,870 ）	財務活動によるキャッシュ・フロー	（	355,000 ）

II 投資活動によるキャッシュ・フロー					
定期預金の預入による支出	（★ △	755,000 ）	IV 現金及び現金同等物に係る換算差額	（★ △	60 ）
定期預金の払戻による収入	（	386,000 ）	V 現金及び現金同等物の増加額	（	281,110 ）
有価証券の取得による支出	（ △	122,000 ）	VI 現金及び現金同等物の期首残高	（★	372,250 ）
有価証券の売却による収入	（	89,500 ）	VII 現金及び現金同等物の期末残高	（	653,360 ）
有形固定資産の取得による支出	（★ △	80,000 ）			
有形固定資産の売却による収入	（★	255,400 ）			
投資有価証券の取得による支出	（ △	188,000 ）			
投資有価証券の売却による収入	（	198,400 ）			
（子会社株式の取得による支出）	（★ △	172,000 ）			
貸 付 け に よ る 支 出	（★ △	515,000 ）			
貸付金の回収による収入	（	300,000 ）			
投資活動によるキャッシュ・フロー	（ △	602,700 ）			

（注）　現金及び現金同等物の期首残高：前期B/S 現金及び預金558,250

－X5.5/31満期（6ヶ月定期預金）186,000＝372,250

現金及び現金同等物の期末残高：当期B/S 現金及び預金893,360

－X6.11/11満期（1年定期預金）240,000＝653,360

問2 （単位：千円）

キャッシュ・フロー計算書

自×5年4月1日　至×6年3月31日

I　営業活動によるキャッシュ・フロー

（税 引 前 当 期 純 利 益）	（★		717,720 ）
（減 価 償 却 費）	（★		163,800 ）
貸 倒 引 当 金 の 増 加 額	（		2,240 ）
役 員 賞 与 引 当 金 の 減 少 額	（	△	3,000 ）
受 取 利 息 及 び 受 取 配 当 金	（★	△	44,250 ）
支 払 利 息	（		37,900 ）
有 価 証 券 売 却 益	（	△	2,500 ）
有 価 証 券 評 価 益	（	△	2,100 ）
（為 替 差 益）	（★	△	5,940 ）
投 資 有 価 証 券 売 却 損	（		13,600 ）
有 形 固 定 資 産 売 却 益	（	△	15,400 ）
火 災 損 失	（		24,000 ）
売 上 債 権 の 増 加 額	（	△	112,000 ）
棚 卸 資 産 の 増 加 額	（★	△	32,500 ）
前 払 費 用 の 増 加 額	（	△	800 ）
仕 入 債 務 の 減 少 額	（★	△	5,800 ）
未 払 費 用 の 増 加 額	（★		1,700 ）
前 受 金 の 増 加 額	（		7,000 ）
小 計	（		743,670 ）

【採点基準】

★ 4 点×25箇所＝100点

【解答時間及び得点】

	日 付	解答時間	得 点	Ｍ　Ｅ　Ｍ　Ｏ
1	／	分	点	
2	／	分	点	
3	／	分	点	
4	／	分	点	
5	／	分	点	

【チェック・ポイント】

出題分野	出題論点	日　付				
		／	／	／	／	／
キャッシュ・フロー計算書	直　　　接　　　法					
	間　　　接　　　法					

【解答への道】 （単位：千円）

Ｉ．〔資料Ⅲ〕の空欄推定

 1．株主資本等変動計算書

  繰越利益剰余金当期首残高： 　420,000 ← 前期B/S 繰越利益剰余金より

  繰越利益剰余金当期末残高： 　586,720 ← 繰越利益剰余金当期首残高420,000

            ＋繰越利益剰余金当期変動額合計166,720

       又は，当期B/S 繰越利益剰余金より

 2．貸借対照表

  (1) 前期B/S

   支 払 手 形： 　643,000 ← 後述（Ⅱ．2．参照）

   繰越利益剰余金： 　420,000 ← 貸借差額

  (2) 当期B/S

   買 　掛 　金： 1,132,200 ← 後述（Ⅱ．2．参照）

   資 　　 　金： 3,700,000 ← 株主資本等変動計算書，資本金当期末残高より

   繰越利益剰余金： 　586,720 ← 貸借差額

   自 己 株 式：△ 15,000 ← 株主資本等変動計算書，自己株式当期末残高より

Ⅱ．直接法によるキャッシュ・フロー計算書

1．現金及び預金

(1) 現　金

| (借) | 現金及び現金同等物に係る換算差額 | 60(*1) | (貸) | 現 金 及 び 現 金 同 等 物 | 60 |

(*1)　米ドル紙幣20千ドル×（ＨＲ123円／ドル－ＣＲ120円／ドル）＝60

(注)　なお，以下の仕訳が行われている。

| (借) | 為 替 差 損 益 | 60(*1) | (貸) | 現 　 金 　 預 　 金 | 60 |

(2) 定期預金

(借)	定期預金の預入による支出	755,000(*1)	(貸)	現 金 及 び 現 金 同 等 物	755,000
(借)	現 金 及 び 現 金 同 等 物	386,000	(貸)	定期預金の払戻による収入	386,000(*2)
(借)	現 金 及 び 現 金 同 等 物	7,000	(貸)	利息及び配当金の受取額	7,000

(*1)　X5.7/8預入（6ヶ月定期預金）200,000＋X5.11/12預入（1年定期預金）240,000

　　　　　　　　　　　　　　　　　　　　　＋X6.3/10預入（2年定期預金）315,000＝755,000

(*2)　X5.5/31満期（6ヶ月定期預金）186,000＋X6.1/7満期（6ヶ月定期預金）200,000＝386,000

(注)　本問では，預入期間3ヶ月以内の定期預金は現金同等物に該当する。そのため，当座預金から預入期間3ヶ月以内の定期預金への預入又は払戻は現金及び現金同等物の相互間取引であり，現金及び現金同等物の増加又は減少は生じない。したがって，当該取引はキャッシュ・フロー計算書の記載対象とはならない。

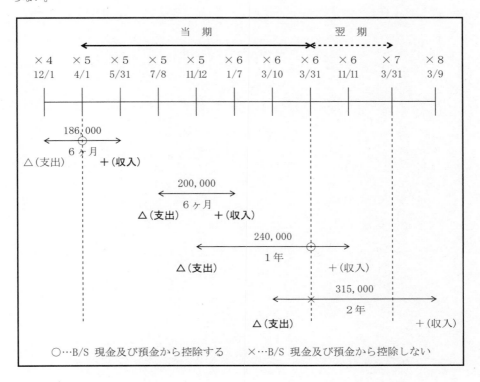

2．商品売買及び債権債務の決済等

（借）	現 金 及 び 現 金 同 等 物	7,062,200	（貸）	営 業 収 入	7,062,200（*1）
（借）	商品の仕入れによる支出	5,671,800（*2）	（貸）	現 金 及 び 現 金 同 等 物	5,671,800

（*1）　当座売上789,500＋売掛金回収高2,929,400（*3）＋受取手形回収高3,141,300（*4）

　　　　　　　　　　　　　　　　　　　　　　　　　　　　＋前受金当期受領202,000＝7,062,200

（*2）　当座仕入1,029,000＋買掛金支払高2,138,100（*5）＋支払手形支払高2,504,700＝5,671,800

（*3）　後述（売掛金ＢＯＸ図参照）

（注）　なお，売掛金ＢＯＸ図の作成にあたり，以下のように考えると理解し易いであろう。

（借）	売 掛 金	8,400	（貸）	為 替 差 損 益	8,400
（借）	現 金 預 金	2,929,400	（貸）	売 掛 金	2,929,400（*3）

（*4）　当座決済高3,061,900（*6）＋手形割引による決済高79,400（*7）＝3,141,300

（*5）　買掛金当座決済高2,159,800－P/L 仕入割引21,700＝2,138,100

（*6）　後述（受取手形ＢＯＸ図参照）

（*7）　額面80,000－P/L 手形売却損600＝79,400

（注）　なお，以下の仕訳が行われている。

（借）	現 金 預 金	79,400（*7）	（貸）	受 取 手 形	80,000
	手 形 売 却 損	600			

(*3) (*6)

受 取 手 形

期　首	776,000	買掛金	135,800
売　上	1,423,000	現及現同 ∴	3,061,900 (*6)
売掛金	1,891,700 (*9)	現及現同	79,400 (*7)
		手形売却損	600
		期　末	813,000

売 掛 金

期　首	1,124,000	現及現同 ∴	2,929,400 (*3)
売上(国内)	4,820,000	売上割引	19,200
売上(海外)	555,000 (*8)	受取手形	1,891,700 (*9)
為替差損益	8,400	支払手形	86,000
為替差損益	400 (*10)	貸倒引当金	20,100
		貸倒損失	10,400
		買掛金	351,000
		為替差損益	1,000 (*11)
		期　末	1,199,000

支 払 手 形

現及現同	2,504,700	期　首 ∴	643,000
売掛金	86,000	仕　入	1,360,500
		買掛金	1,252,200 (*12)
期　末	665,000		

買 掛 金

現及現同	2,138,100 (*5)	期　首	1,160,000
仕入割引	21,700	仕　入	3,871,000
支払手形	1,252,200 (*12)		
受取手形	135,800		
売掛金	351,000		
期　末 ∴	1,132,200		

前 受 金

売　上	195,000	期　首	35,000
		現及現同	202,000
期　末	42,000		

(*8)　P/L 売上高7,782,500

　　　－国内売上高(当座売上789,500＋手形売上1,423,000＋掛売上4,820,000＋前受金による売上195,000)

　　　　　　　　　　　　　　　　　　　　　　　　　　　　　　　　　　　　　＝555,000

(*9)　売掛金手形決済高1,977,700－自己振出約束手形回収高86,000＝1,891,700

(*10) X6.3/18取得分400千ドル×(ＣＲ120円／ドル－ＨＲ119円／ドル)＝400

(*11) X6.3/3取得分500千ドル×(ＨＲ122円／ドル－ＣＲ120円／ドル)＝1,000

(注)　なお，以下の仕訳が行われている。

(借)	売　　掛　　金	400(*10)	(貸)	為　替　差　損　益	400
(借)	為　替　差　損　益	1,000	(貸)	売　　掛　　金	1,000(*11)

(*12) 買掛金手形決済高1,388,000－手形裏書譲渡高135,800＝1,252,200

◎　前期B/S 支払手形：643,000

◎　当期B/S 買掛金：1,132,200

3．有価証券

（借）	有価証券の取得による支出	122,000（*1）	（貸）	現 金 及 び 現 金 同 等 物	122,000
（借）	現 金 及 び 現 金 同 等 物	89,500	（貸）	有価証券の売却による収入	89,500（*2）
（借）	投資有価証券の取得による支出	188,000（*3）	（貸）	現 金 及 び 現 金 同 等 物	188,000
（借）	現 金 及 び 現 金 同 等 物	198,400	（貸）	投資有価証券の売却による収入	198,400（*4）
（借）	子会社株式の取得による支出	172,000（*5）	（貸）	現 金 及 び 現 金 同 等 物	172,000
（借）	現 金 及 び 現 金 同 等 物	19,200	（貸）	利息及び配当金の受取額	19,200（*6）

（*1）　ＢＢ社株式取得原価

（*2）　ＡＡ社株式売却価額

（*3）　ＣＣ社社債取得原価

（*4）　ＥＥ社株式売却価額

（*5）　ＤＤ社株式取得原価

（*6）　配当金11,200＋有価証券利息8,000（*7）＝19,200

（*7）　P/L 有価証券利息11,000－ＣＣ社社債当期償却額3,000（*8）＝8,000

$$（*8）　（額面200,000－取得原価188,000）\times \frac{12ヶ月（X5.4〜X6.3）}{48ヶ月（X5.4〜X9.3）}＝3,000$$

4．貸付金

（借）	貸 付 け に よ る 支 出	515,000（*1）	（貸）	現 金 及 び 現 金 同 等 物	515,000
（借）	現 金 及 び 現 金 同 等 物	300,000	（貸）	貸付金の回収による収入	300,000（*2）
（借）	現 金 及 び 現 金 同 等 物	10,500	（貸）	利息及び配当金の受取額	10,500

（*1）　X5.8/1貸付360,000＋X6.1/1貸付155,000＝515,000

（*2）　X5.9/30決済

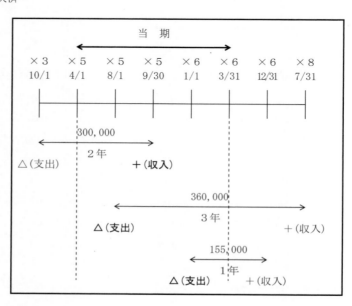

5．有形固定資産

(1) 建　物

| (借) | 現 金 及 び 現 金 同 等 物 | 78,000 | (貸) | 災 害 に よ る 保 険 金 収 入 | 78,000(*1) |

(*1) ｛取得原価600,000－(減価償却累計額486,000＋減価償却費12,000(*2))｝

$$-\text{P/L 火災損失}24,000=78,000$$

(*2)　$600,000 \times 0.9 \div 30年 \times \dfrac{8ヶ月(\text{X5.4} \sim \text{X5.11})}{12ヶ月} = 12,000$

(注)　なお，以下の仕訳が行われている。

(借)	建 物 減 価 償 却 累 計 額	486,000	(貸)	建　　　　　　　　物	600,000
	建 物 減 価 償 却 費	12,000(*2)			
	現　　金　　預　　金	78,000(*1)			
	火　　災　　損　　失	24,000			

(2) 車　両

| (借) | そ の 他 の 営 業 支 出 | 70,000 | (貸) | 現 金 及 び 現 金 同 等 物 | 70,000 |

(注)　オペレーティング・リース取引は，その支払リース料が一般的に営業損益計算に含まれることから，原則として支払リース料は「営業活動によるキャッシュ・フロー」の区分に記載する。なお，本問における車両のリース取引は借手の申し出により途中で契約解除が可能であるため，オペレーティング・リース取引に該当する。

(3) 備　品

| (借) | 有 形 固 定 資 産 の 取 得 に よ る 支 出 | 80,000 | (貸) | 現 金 及 び 現 金 同 等 物 | 80,000 |

(注)　なお，以下の仕訳が行われている。

| (借) | 備　　　　　　　　　品 | 120,000 | (貸) | 現　　金　　預　　金 | 80,000 |
| | | | | 未　　払　　金 | 40,000 |

(4) 土　地

| (借) | 現 金 及 び 現 金 同 等 物 | 255,400 | (貸) | 有 形 固 定 資 産 の 売 却 に よ る 収 入 | 255,400(*1) |

(*1)　取得原価240,000＋P/L 土地売却益15,400＝255,400

(注)　なお，以下の仕訳が行われている。

| (借) | 現　　金　　預　　金 | 255,400(*1) | (貸) | 土　　　　　　　　地 | 240,000 |
| | | | | 土　地　売　却　益 | 15,400 |

6．借入金

（借）	現 金 及 び 現 金 同 等 物	250,000	（貸）	短 期 借 入 れ に よ る 収 入	250,000(*1)
（借）	短期借入金の返済による支出	135,000(*2)	（貸）	現 金 及 び 現 金 同 等 物	135,000
（借）	現 金 及 び 現 金 同 等 物	150,000	（貸）	長 期 借 入 れ に よ る 収 入	150,000(*3)
（借）	長期借入金の返済による支出	345,000(*4)	（貸）	現 金 及 び 現 金 同 等 物	345,000
（借）	利 息 の 支 払 額	17,500(*5)	（貸）	現 金 及 び 現 金 同 等 物	17,500

(*1)　X5.5/1借入

(*2)　X5.12/31返済

(*3)　X6.2/1借入1,200千ドル×HR125円／ドル＝150,000

(注)　なお，以下の仕訳が行われている。

（借）	現 金 預 金	150,000	（貸）	長 期 借 入 金	150,000(*3)
（借）	長 期 借 入 金	6,000(*6)	（貸）	為 替 差 損 益	6,000

(*4)　X5.10/31返済

(*5)　P/L 支払利息19,900＋前期末未払5,200－当期末未払7,600＝当期支払額17,500

支 払 利 息

当期支払額 ∴ 17,500 (*5)	前期末未払 5,200
当期末未払 7,600	P/L 19,900

(*6)　1,200千ドル×（HR125円／ドル－CR120円／ドル）＝6,000

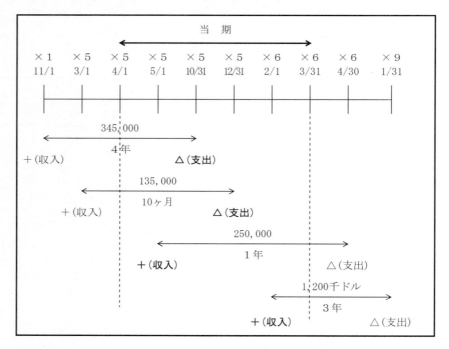

7．社債及び新株の発行

(1) 社債の発行

(借)	現 金 及 び 現 金 同 等 物	450,000	(貸)	社 債 の 発 行 に よ る 収 入	450,000(*1)
(借)	社 債 の 償 還 に よ る 支 出	90,000(*2)	(貸)	現 金 及 び 現 金 同 等 物	90,000
(借)	利 息 の 支 払 額	18,000(*3)	(貸)	現 金 及 び 現 金 同 等 物	18,000

(*1) 発行価額

(*2) 額面450,000×$\dfrac{1}{5}$=90,000

(*3) 額面450,000×4％=18,000

(2) 新株の発行

(借)	現 金 及 び 現 金 同 等 物	250,000	(貸)	株 式 の 発 行 に よ る 収 入	250,000(*1)

(*1) S/S 新株の発行より

8．その他

(1) 剰余金の配当

(借)	配 当 金 の 支 払 額	160,000(*1)	(貸)	現 金 及 び 現 金 同 等 物	160,000

(*1) S/S 剰余金の配当(繰越利益剰余金減少高176,000−利益準備金の積立16,000)＝160,000

(2) 役員賞与引当金

(借)	人 件 費 の 支 出	55,000(*1)	(貸)	現 金 及 び 現 金 同 等 物	55,000

(*1) 前期B/S 役員賞与引当金より

(3) 自己株式

(借)	自 己 株 式 の 取 得 に よ る 支 出	15,000(*1)	(貸)	現 金 及 び 現 金 同 等 物	15,000

(*1) S/S 自己株式の取得より

(4) 法人税等

(借)	法 人 税 等 の 支 払 額	294,000(*1)	(貸)	現 金 及 び 現 金 同 等 物	294,000

(*1) 前事業年度に係る確定申告納付額154,000＋当事業年度に係る中間申告納付額140,000(*2)＝294,000

(*2) P/L 法人税，住民税及び事業税300,000−当期B/S 未払法人税等160,000＝140,000

(5) 給料

(借)	人 件 費 の 支 出	332,200(*1)	(貸)	現 金 及 び 現 金 同 等 物	332,200

(*1) P/L 給料333,900＋前期末未払7,500−当期末未払9,200＝当期支払額332,200

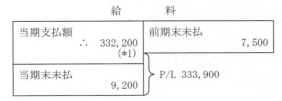

給　　料

当期支払額 ∴ 332,200 (*1)	前期末未払 7,500
当期末未払 9,200	P/L 333,900

(6) 営業費

(借)	そ の 他 の 営 業 支 出	189,530	(貸)	現 金 及 び 現 金 同 等 物	189,530

Ⅲ．間接法によるキャッシュ・フロー計算書（営業活動によるキャッシュ・フローの小計欄まで）

キャッシュ・フロー計算書

自×5年4月1日　至×6年3月31日

Ⅰ　営業活動によるキャッシュ・フロー

税 引 前 当 期 純 利 益	717,720(*1)	
減 価 償 却 費	163,800(*2)	
貸 倒 引 当 金 の 増 加 額	2,240(*3)	
役 員 賞 与 引 当 金 の 減 少 額	△ 3,000(*4)	
受 取 利 息 及 び 受 取 配 当 金	△ 44,250(*5)	
支 払 利 息	37,900(*6)	
有 価 証 券 売 却 益	△ 2,500(*7)	
有 価 証 券 評 価 益	△ 2,100(*7)	
為 替 差 益	△ 5,940(*8)	
投 資 有 価 証 券 売 却 損	13,600(*7)	
有 形 固 定 資 産 売 却 益	△ 15,400(*7)	
火 災 損 失	24,000(*7)	
売 上 債 権 の 増 加 額	△ 112,000(*9)	
棚 卸 資 産 の 増 加 額	△ 32,500(*10)	
前 払 費 用 の 増 加 額	△ 800(*11)	
仕 入 債 務 の 減 少 額	△ 5,800(*12)	
未 払 費 用 の 増 加 額	1,700(*13)	
前 受 金 の 増 加 額	7,000(*14)	
小 計	743,670	

(*1)　P/L 当期純利益417,720＋P/L 法人税，住民税及び事業税300,000＝717,720

(*2)　P/L 建物減価償却費72,000＋P/L 備品減価償却費91,800＝163,800

(*3)　当期B/S 貸倒引当金(受取手形16,260＋売掛金23,980)

　　　　　　　　　　　－前期B/S 貸倒引当金(受取手形15,520＋売掛金22,480)＝2,240

(*4)　前期B/S 役員賞与引当金55,000－当期B/S 役員賞与引当金52,000＝3,000

(*5)　P/L 受取利息配当金33,250＋P/L 有価証券利息11,000＝44,250

(*6)　P/L 支払利息19,900＋P/L 社債利息18,000＝37,900

(*7)　P/L より

(*8)　長期借入金に係る為替差益6,000－現金及び現金同等物に係る為替差損60＝5,940

(注)　間接法において税引前当期純利益に対する調整項目の一つとして為替差損益があるが，当該為替差損益は，損益計算書において計上された為替差損益のうち，原則として「営業活動によるキャッシュ・フロー」の「**小計**」欄以降（「投資活動によるキャッシュ・フロー」及び「財務活動によるキャッシュ・フロー」の区分を含む）に記載される取引に係る為替差損益である。

為　替　差　損　益

売掛金　　　1,000	売掛金　　　　　8,400
現　金　　　　60	売掛金　　　　　　400
P/L 13,740 ｛	長期借入金　　　6,000

(*9)　当期B/S(受取手形813,000＋売掛金1,199,000)

　　　　　　　　　　　　　　　　　　　　　　−前期B/S(受取手形776,000＋売掛金1,124,000)＝112,000

(*10)　当期B/S 商品494,500−前期B/S 商品462,000＝32,500

(*11)　当期B/S 前払費用(営業費に係る前払費用)4,000

　　　　　　　　　　　　　　−前期B/S 前払費用(営業費に係る前払費用)3,200＝800

(*12)　前期B/S(支払手形643,000＋買掛金1,160,000)

　　　　　　　　　　　　　　−当期B/S(支払手形665,000＋買掛金1,132,200)＝5,800

(*13)　当期B/S 未払費用(給料に係る未払費用)9,200

　　　　　　　　　　　　　　−前期B/S 未払費用(給料に係る未払費用)7,500＝1,700

(注)　間接法によるキャッシュ・フロー計算書において，「営業活動に係る資産及び負債の増減額」として調整される経過勘定は営業活動に係るもののみである点に注意すること。

(*14)　当期B/S 前受金42,000−前期B/S 前受金35,000＝7,000

（参　考）　間接法の税引前当期純利益に対する調整項目としての為替差損益

　　間接法において税引前当期純利益に対する調整項目の一つとして為替差損益があるが，当該為替差損益は，損益計算書において計上された為替差損益のうち，原則として「営業活動によるキャッシュ・フロー」の「**小計**」欄以降（「投資活動によるキャッシュ・フロー」及び「財務活動によるキャッシュ・フロー」の区分を含む）に記載される取引に係る為替差損益である。

　　なお，売上債権や仕入債務から生じた為替差損益は「**売上債権・仕入債務の増減額**」及び為替予約に振当処理を適用している場合には「**前払費用（前受収益）の増減額**」として調整される。

P/L 為替差損益の主な内訳	税引前当期純利益への調整
①売上債権の決済差額・換算差額 　仕入債務の決済差額・換算差額 ｝ →	「**売上債権（仕入債務）の増減額**」と 「**前払費用（前受収益）の増減額**」で調整する。
②投資・財務活動に係る債権債務等 　から生じる決済差額・換算差額 ③現金及び現金同等物に係る換算差額 ｝ →	「**為替差損益**」として調整する。

　SS社（以下，当社という）は従来より国内で仕入れた商品の国内向け販売を行ってきたが，当期より同商品のアメリカへの輸出を開始した。そこで，当社の当事業年度（自×18年4月1日　至×19年3月31日）に関する下記の〔資料〕を参照して，〔資料Ⅶ〕における（1）～（33）に当てはまる金額を解答欄に記入しなさい。

〔資料Ⅰ〕　解答上の留意事項

1．当社のキャッシュ・フロー計算書における資金の範囲は，手許現金，当座預金及び預入期間3ヶ月以内の定期預金である。なお，当社が保有する預金は当座預金及び定期預金のみである。

2．売買目的有価証券について評価差額の処理は洗替方式，その他有価証券について評価差額の処理は部分純資産直入法による。

3．満期保有目的の債券について取得差額が金利調整差額と認められる場合には，償却原価法（定額法）により処理する。

4．社債の額面金額と発行価額との差額は，償却原価法（定額法）により処理する。

5．為替予約については振当処理を採用しており，予約差額の期間配分は月割計算により行う。

6．前期末及び当期末の直物レートは 124円／ドル及び 120円／ドルである。

7．手形の裏書及び割引に際して，保証債務は考慮外とする。

8．特に指示のないものについては当座による取引が行われている。

9．税効果会計は考慮外とする。

10．解答に際して，キャッシュ・フローの減少項目については金額の前に「△」を付すこと。

〔資料Ⅱ〕　前期貸借対照表（単位：千円）

貸 借 対 照 表

×18年3月31日

現 金 及 び 預 金		925,336	支 払 手 形	298,000
受 取 手 形	350,000		買 掛 金	359,400
売 掛 金	505,000		短 期 借 入 金	30,000
貸 倒 引 当 金	17,100	837,900	一年内返済予定長期借入金	130,000
有 価 証 券		48,000	未 払 費 用	6,790
商 品		207,000	未 払 法 人 税 等	60,000
未 収 収 益		4,189	賞 与 引 当 金	28,000
短 期 貸 付 金		200,000	役 員 賞 与 引 当 金	37,000
建 物	1,035,000		社 債	392,800
備 品	189,000		退 職 給 付 引 当 金	76,000
減 価 償 却 累 計 額	601,425	622,575	資 本 金	1,800,000
土 地		1,200,000	利 益 準 備 金	179,310
長 期 性 預 金		24,800	繰 越 利 益 剰 余 金	700,000
			自 己 株 式	△ 27,500
		4,069,800		4,069,800

（注1）未収収益は受取利息に係るものである。

（注2）未払費用は給料に係るもの 3,250千円及び支払利息に係るもの 3,540千円である。

〔資料Ⅲ〕　期中取引及び決算整理事項の一部（以下の事項以外はその他の〔資料〕から推定すること）

1．定期預金

（1）前期末における内訳

金 額	預 入 期 間	備 考
200千ドル	×15年4月1日〜×21年3月31日	×15年4月1日の直物レート 115円／ドル
45,000千円	×16年10月1日〜×18年9月30日	―
27,000千円	×18年3月1日〜×18年5月31日	―

（2）当期の預入状況等

金 額	預 入 期 間	備 考
15,000千円	×18年6月1日〜×18年7月31日	―
40,000千円	×18年7月1日〜×20年6月30日	―
30,000千円	×18年10月1日〜×19年3月31日	―
100千ドル	×19年2月1日〜×19年4月30日	×19年2月1日の直物レート 121円／ドル

（3）定期預金に係る利息 743千円を受け取った。

2．商品売買等

(1) 仕入取引及び売上取引はすべて掛により行われている。また，手形の決済はすべて当座により行われている。

(2) 買掛金のうち ？ 千円を当座により， 781,600千円を約束手形の振出により決済した。なお，買掛金を当座決済した際に仕入割引を受けた。

(3) 売掛金（外貨建を含む）のうち ？ 千円を当座により， 1,454,800千円を他社振出約束手形により回収した。なお，外貨建売掛金を当座回収した際に 7,200千円の為替差損が生じた。また，売掛金を当座回収した際に売上割引を行った。

(4) 前期取得売掛金及び当期取得売掛金の一部が貸倒れた。

(5) 期末売掛金には×19年1月15日（直物レート 122円／ドル）に取得した 800千ドル（決済期日×19年4月15日）が含まれている。なお，当該売掛金は，×19年2月1日（直物レート 121円／ドル）に為替予約（予約レート 118円／ドル）を付している。また，これ以外に期末に保有する外貨建売上債権はない。

(6) 買掛金決済のために，得意先宛仕入先指図為替手形45,000千円を振り出した。

(7) 額面65,000千円の他社振出約束手形を割り引き，割引料が差し引かれた残額を当座預金とした。

3．有価証券

(1) 期首における有価証券はすべて前期にトレーディング目的で47,600千円で取得したＹＹ社株式である。

(2) ＹＹ社株式のすべてを46,900千円で売却し，手数料が差し引かれた残額を当座に預け入れた。

(3) トレーディング目的でMM社株式を取得した。なお，期末において当該MM社株式をすべて保有している。

(4) ＺＺ社との業務提携のため，ＺＺ社発行済株式の2％を取得した。なお，ＺＺ社株式を短期間で売却する予定はない。

(5) 販路拡大のためにＸＸ社発行済株式の70％を取得し，ＸＸ社を子会社とした。

(6) ×18年4月1日に満期保有目的の債券としてＫＫ社社債を28,500千円で取得した。

(7) ＫＫ社社債の内容は以下のとおりである。なお，取得差額は金利調整差額と認められる。

　　　額　面：30,000千円　　　償還日：×23年3月31日　　　利払日：毎年3月末　　　年利率：2％

(8) 上記の株式に対する配当金を合計で 5,640千円，社債に対する利息を ？ 千円受け取った。

4．有形固定資産

(1) ×18年11月12日に建物（期首減価償却累計額72,900千円）を売却した。なお，建物については定額法（残存価額10％，耐用年数30年）により減価償却を行っている。

(2) ×18年9月4日に備品を購入し，同日より事業の用に供している。なお，備品については定額法（残存価額10％，耐用年数10年）により減価償却を行っている。

(3) ×19年2月24日に所有する簿価70,000千円の土地について等価交換を行い，新たに時価69,000千円の土地を取得した。

5．リース取引

　×18年4月1日に車両のリース契約を締結している。当該リース契約はファイナンス・リース取引と認められ，その内容は以下のとおりである。

(1) リース開始日は×18年4月1日，リース期間は4年，当該リース物件の経済的耐用年数は5年である。

(2) 所有権移転条項はない。

(3) リース料の年額は13,387千円であり，毎年3月31日に後払いする。

(4) 当該リース物件の計上価額は50,000千円であり，計算利子率は2.8%である。

(注) 当社は当該車両について，貸借対照表上，車両として計上している。

6．貸付金

(1) 当期に係る貸付金の明細は以下のとおりである。

金　額	貸　付　期　間	利　払　日	年利率
200,000千円	×16年8月1日～×18年7月31日	毎年7月31日	3.0%
600千ドル	×18年10月1日～×19年9月30日	×19年9月30日	4.0%
160,000千円	×19年1月1日～×21年12月31日	毎年12月31日	3.5%

(2) ×18年10月1日（直物レート 126円／ドル）に貸し付けた 600千ドルについては，貸付日に回収額に対して為替予約（予約レート 123円／ドル）を付している。

(3) 貸付金の回収及び利息の受取は予定どおり順調に行われている。

7．借入金

(1) 当期に係る借入金の明細は以下のとおりである。

金　額	借　入　期　間	利　払　日	年利率
130,000千円	×13年7月1日～×18年6月30日	毎年6月30日	3.4%
30,000千円	×17年10月1日～×18年9月30日	×18年9月30日	1.5%
10,000千円	×18年7月1日～×18年12月31日	×18年12月31日	1.2%
25,000千円	×19年1月1日～×19年12月31日	×19年1月1日	2.0%
150,000千円	×19年2月1日～×22年1月31日	毎年1月31日	3.0%

(2) 借入金の決済及び利息の支払は順調に行われている。

8．社　債

(1) 社債は×16年4月1日に以下の条件で発行したものである。

　① 額面金額：　400,000千円

　② 発行価額：額面 100円につき97円

　③ 発行期間：×16年4月1日～×21年3月31日

　④ 年 利 率：　3.6%

　⑤ 利 払 い：毎年3月末に後払い

(2) ×18年10月22日に，社債のうち額面50,000千円を49,500千円（裸相場）で臨時買入償還し，償還額を端数利息とともに支払った。なお，端数利息は月割計算すること。

(3) 利息の支払いは順調に行われている。

9．退職給付引当金

(1) 期首の退職給付債務及び年金資産は 104,000千円及び28,000千円であった。

(2) 当期の勤務費用は 6,800千円であり，退職給付債務計算上の割引率及び長期期待運用収益率は3％及び2％である。

(3) 当期の年金基金への拠出額は 7,500千円であり，年金基金から退職した従業員に対する年金支払額は 5,000千円であった。

(4) 当期末において過去勤務費用及び数理計算上の差異は生じていない。

10．増　資

(1) 取締役会決議に基づき，新株を発行し払込を受けた。

(2) 新株発行に伴い支出した費用 6,000千円は，一括費用処理した。

11．自己株式

(1) 募集株式の発行手続により自己株式（帳簿価額15,000千円）を処分した。なお，自己株式の処分に伴い支出した費用 300千円は，一括費用処理した。

(2) 自己株式を 4,500千円で取得した。

12．その他の取引

(1) ×18年6月27日開催の株主総会決議に基づき，配当金及び役員賞与を支払った。

(2) 法人税，住民税及び事業税として　?　千円を支払った。

(3) 給料　?　千円及び賞与　?　千円を支払った。なお，賞与の見積と実績は一致していた。

(4) 営業費　?　千円を支払った。

〔資料Ⅳ〕　当期損益計算書（単位：千円）

損 益 計 算 書

自×18年4月1日　至×19年3月31日

Ⅰ	売　　上　　高		3,764,000
Ⅱ	売　上　原　価		
1	期首商品棚卸高	207,000	
2	当期商品仕入高	2,817,000	
	合　　計	3,024,000	
3	期末商品棚卸高	201,000	
	差　　引	2,823,000	
4	商品低価評価損	1,400	2,824,400
	売　上　総　利　益		939,600
Ⅲ	販売費及び一般管理費		
1	営　　業　　費	191,142	
2	棚　卸　減　耗　費	1,600	
3	給　　　　料	200,340	
4	賞　　　　与	60,200	
5	退　職　給　付　費　用	9,360	
6	賞与引当金繰入額	14,700	
7	役員賞与引当金繰入額	38,000	
8	貸　倒　損　失	17,000	
9	貸倒引当金繰入額	17,357	
10	建物減価償却費	29,700	
11	車両減価償却費	12,500	
12	備品減価償却費	19,110	611,009
	営　　業　　利　　益		328,591

IV 営 業 外 収 益

1	受 取 利 息 配 当 金	11,224	
2	有 価 証 券 利 息	900	
3	有 価 証 券 評 価 益	3,200	
4	仕 入 割 引	15,000	30,324

V 営 業 外 費 用

1	支 払 利 息	3,665	
2	社 債 利 息	15,925	
3	有 価 証 券 売 却 損	750	
4	投資有価証券評価損	1,500	
5	株 式 交 付 費	6,300	
6	手 形 売 却 損	1,300	
7	売 上 割 引	20,000	
8	為 替 差 損	11,400	60,840
	経 常 利 益		298,075

VI 特 別 損 失

1	建 物 売 却 損	4,400	
2	社 債 償 還 損	225	4,625
	税 引 前 当 期 純 利 益		293,450
	法人税, 住民税及び事業税		117,380
	当 期 純 利 益		176,070

〔**資料Ⅴ**〕　当期株主資本等変動計算書（単位：千円）

株主資本等変動計算書

自×18年4月1日　至×19年3月31日

	株　主　資　本						純 資 産 合　　計
	資 本 金	資　本 剰 余 金 その他 資　本 剰 余 金	利 益 剰 余 金		自己株式	株主資本 合　　計	
			利　益 準 備 金	繰越利益 剰 余 金			
当期首残高	1,800,000	—	179,310	700,000	△ 27,500	2,651,810	2,651,810
当期変動額							
新株の発行	270,000					270,000	270,000
剰余金の配当			8,500	△ 93,500		△ 85,000	△ 85,000
当期純利益				176,070		176,070	176,070
自己株式の取得					△ 4,500	△ 4,500	△ 4,500
自己株式の処分		3,000			15,000	18,000	18,000
当期変動額合計	270,000	3,000	8,500	82,570	10,500	374,570	374,570
当期末残高	2,070,000	3,000	187,810	782,570	△ 17,000	3,026,380	3,026,380

貸　借　対　照　表

×19年 3 月31日

現 金 及 び 預 金		1,159,710	支 払 手 形		274,000
受 取 手 形	365,800		買 掛 金		514,000
売 掛 金	522,050		短 期 借 入 金		25,000
貸 倒 引 当 金	17,357	870,493	リ ー ス 債 務		12,323
有 価 証 券		87,600	未 払 費 用		4,240
商 品		( )	未 払 法 人 税 等		67,380
前 払 費 用		2,075	賞 与 引 当 金		14,700
未 収 収 益		3,030	役 員 賞 与 引 当 金		38,000
短 期 貸 付 金		73,800	長 期 借 入 金		150,000
建 物	900,000		リ ー ス 債 務		25,690
車 両	50,000		社 債		( )
備 品	229,000		退 職 給 付 引 当 金		77,860
減 価 償 却 累 計 額	587,135	591,865	資 本 金		2,070,000
土 地		1,200,000	そ の 他 資 本 剰 余 金		3,000
投 資 有 価 証 券		64,800	利 益 準 備 金		187,810
関 係 会 社 株 式		100,000	繰 越 利 益 剰 余 金		782,570
長 期 貸 付 金		160,000	自 己 株 式	△	17,000
長 期 性 預 金		64,000			
		( )			( )

（注 1 ）前払費用は支払利息に係るもの 375千円，為替予約差額（売掛金）に係るもの ？ 千円及び為
　　　　替予約差額（貸付金）に係るもの ？ 千円である。

（注 2 ）未収収益は受取利息に係るものである。

（注 3 ）未払費用は給料に係るもの 3,490千円及び支払利息に係るもの 750千円である。

〔資料Ⅶ〕　　直接法及び間接法による当期キャッシュ・フロー計算書（単位：千円）

キャッシュ・フロー計算書

自×18年4月1日　至×19年3月31日

Ⅰ　営業活動によるキャッシュ・フロー
　　営　業　収　入　　　　　　　（　（1）　）
　　商品の仕入れによる支出　　　（　（2）　）
　　人　件　費　の　支　出　　　（　（3）　）
　　その他の営業支出　　　　　　（　　　　　）
　　　　小　　　計　　　　　　　（　　　　　）
　　利息及び配当金の受取額　　　（　（4）　）
　　利　息　の　支　払　額　　　（　（5）　）
　　法人税等の支払額　　　　　　（　（6）　）
　　営業活動によるキャッシュ・フロー（　　　　）

Ⅱ　投資活動によるキャッシュ・フロー
　　定期預金の預入による支出　　（　（7）　）
　　定期預金の払戻による収入　　（　（8）　）
　　有価証券の取得による支出　　（　　　　　）
　　有価証券の売却による収入　　（　（9）　）
　　有形固定資産の取得による支出（　　　　　）
　　有形固定資産の売却による収入（　（10）　）
　　投資有価証券の取得による支出（　（11）　）
　　子会社株式の取得による支出　（　　　　　）
　　貸　付　け　に　よ　る　支　出（　（12）　）
　　貸付金の回収による収入　　　（　（13）　）
　　投資活動によるキャッシュ・フロー（　　　　）

Ⅲ　財務活動によるキャッシュ・フロー
　　短期借入れによる収入　　　　（　（14）　）
　　短期借入金の返済による支出　（　　　　　）
　　長期借入れによる収入　　　　（　　　　　）
　　長期借入金の返済による支出　（　（15）　）
　　リース債務の返済による支出　（　（16）　）
　　社債の償還による支出　　　　（　（17）　）
　　株式の発行による収入　　　　（　（18）　）
　　自己株式の処分による収入　　（　（19）　）
　　自己株式の取得による支出　　（　　　　　）
　　（　　　　　　　　　　　）　（　（20）　）
　　財務活動によるキャッシュ・フロー（　　　　）
Ⅳ　現金及び現金同等物に係る換算差額（　（21）　）
Ⅴ　現金及び現金同等物の増加額　（　　　　　）
Ⅵ　現金及び現金同等物の期首残高（　（22）　）
Ⅶ　現金及び現金同等物の期末残高（　（23）　）

キャッシュ・フロー計算書

自×18年4月1日　至×19年3月31日

Ⅰ　営業活動によるキャッシュ・フロー

（　　　　　　　　　　　　）	（　(24)	）
減 価 償 却 費	（	）
貸 倒 引 当 金 の 増 加 額	（	）
賞 与 引 当 金 の 減 少 額	（	）
役 員 賞 与 引 当 金 の 増 加 額	（	）
（　　　　　　　　　　　　）	（　(25)	）
受 取 利 息 及 び 受 取 配 当 金	（　(26)	）
支 払 利 息	（　(27)	）
有 価 証 券 評 価 益	（	）
有 価 証 券 売 却 損	（	）
為 替 差 損	（　(28)	）
投 資 有 価 証 券 評 価 損	（	）
株 式 交 付 費	（　(29)	）
建 物 売 却 損	（	）
社 債 償 還 損	（	）
売 上 債 権 の 増 加 額	（　(30)	）
棚 卸 資 産 の 減 少 額	（　(31)	）
仕 入 債 務 の 増 加 額	（	）
前 払 費 用 の 増 加 額	（　(32)	）
未 払 費 用 の 増 加 額	（　(33)	）
小　　計	（	）

【MEMO】

【解 答】

(1)	★ 3,620,350	(2)	★△2,626,400	(3)	★△ 332,800	(4)	★ 12,983
(5)	★△ 20,480	(6)	★△ 110,000	(7)	★△ 70,000	(8)	★ 75,000
(9)	★ 46,850	(10)	★ 55,000	(11)	★△ 66,000	(12)	★△ 235,600
(13)	★ 200,000	(14)	★ 35,000	(15)	★△ 130,000	(16)	★△ 11,987
(17)	★△ 49,500	(18)	★ 264,000	(19)	★ 17,700	(20)	★△ 85,000
(21)	★△ 100	(22)	★ 880,336	(23)	★ 1,159,710	(24)	★ 293,450
(25)	★ 1,860	(26)	★△ 12,124	(27)	★ 19,590	(28)	★ 1,800
(29)	★ 6,300	(30)	★△ 32,850	(31)	★ 9,000	(32)	★△ 800
(33)	★ 240						

【採点基準】

★3点×33箇所＋1点＝100点（完答の場合のみ1点加算する）

【解答時間及び得点】

	日 付	解答時間	得 点	M E M O
1	／	分	点	
2	／	分	点	
3	／	分	点	
4	／	分	点	
5	／	分	点	

【チェック・ポイント】

出題分野	出題論点	日 付				
		／	／	／	／	／
キャッシュ・フロー計算書	直　　　接　　　法					
	間　　　接　　　法					

【解答への道】（単位：千円）

I．〔資料Ⅵ〕の空欄推定

商　　品：198,000 ← P/L 期末商品棚卸高201,000－P/L 棚卸減耗費1,600

－P/L 商品低価評価損1,400

社　　債：345,800 ← 339,500(*1)＋(350,000(*2)－339,500(*1))× $\dfrac{36ヶ月（X16.4～X19.3）}{60ヶ月（X16.4～X21.3）}$

(*1)　未償還分額面350,000(*2)× $\dfrac{@\ 97円}{@100円}$ ＝339,500

(*2)　400,000－臨時買入償還分50,000＝350,000

Ⅱ．直接法によるキャッシュ・フロー計算書

1．現金預金

（借）	定期預金の預入による支出	70,000(*1)	（貸）	現金及び現金同等物	70,000
（借）	現金及び現金同等物	75,000	（貸）	定期預金の払戻による収入	75,000(*2)
（借）	現金及び現金同等物	743	（貸）	利息及び配当金の受取額	743
（借）	現金及び現金同等物に係る換算差額	100(*3)	（貸）	現金及び現金同等物	100

（*1） X18.7/1預入40,000＋X18.10/1預入30,000＝70,000

（*2） X16.10/1預入45,000＋X18.10/1預入30,000＝75,000

（*3） X19.2/1預入100千ドル×（121円／ドル－ＣＲ120円／ドル）＝100

（注） X15.4/1預入200千ドルについては預入期間が一年を超えるため，現金及び現金同等物に該当しない。
したがって，当該定期預金から生じる為替差損益は「現金及び現金同等物に係る換算差額」として表示
されない点に注意すること。なお，間接法においては換算差額を為替差損益として調整する必要がある
（後述）。

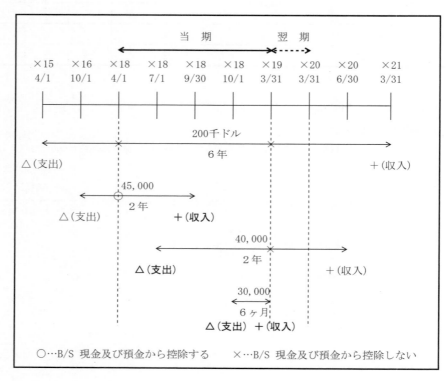

２．商品売買及び債権債務の決済等

(借)	現 金 及 び 現 金 同 等 物	3,620,350	(貸)	営　業　収　入	3,620,350(*1)
(借)	商品の仕入れによる支出	2,626,400(*2)	(貸)	現 金 及 び 現 金 同 等 物	2,626,400

(*1) 受取手形当座決済額1,374,000(*4)＋手形割引による手取額63,700(*3)

＋売掛金当座決済額2,182,650(*5)＝3,620,350

(*2) 支払手形当座決済額805,600(*6)＋買掛金当座決済額1,820,800(*7)＝2,626,400

(*3) 手形割引高65,000－P/L 手形売却損1,300＝63,700

(*4)～(*7)

受 取 手 形

期　　首	350,000	現及現同 ∴1,374,000 (*4)
		割　　引 65,000
売 掛 金	1,454,800	期　　末 365,800

支 払 手 形

現及現同 ∴ 805,600 (*6)		期　　首	298,000
期　　末	274,000	買 掛 金	781,600

売 掛 金

期　　首	505,000	現及現同 ∴2,182,650 (*5)
		受取手形 1,454,800
		為替差損益 7,200
		売上割引 20,000
		貸倒引当金 17,100
		貸倒損失 17,000
		為替差損益 800 (*8)
		前払費用 2,400 (*9)
売　　上	3,764,000	買 掛 金 45,000
		期　　末 522,050

買 掛 金

現及現同 ∴1,820,800 (*7)		期　　首	359,400
支払手形	781,600		
仕入割引	15,000		
売 掛 金	45,000	仕　　入	2,817,000
期　　末	514,000		

(注)　なお，売掛金勘定の作成にあたり，以下のように考えると理解し易いであろう。

(借)	為　替　差　損　益	7,200	(貸)	売　　掛　　金	7,200
(借)	現　金　預　金	2,182,200	(貸)	売　　掛　　金	2,182,200(*5)

(注)　なお，前期取得売掛金の貸倒れについて以下の仕訳が行われている。

(借)	貸　倒　引　当　金	17,100	(貸)	売　　掛　　金	17,100

(注)　当期B/S 貸倒引当金17,357＝P/L 貸倒引当金繰入額17,357より，前期B/S 貸倒引当金17,100は全額貸倒れたと判断すること。

(注) なお，売掛金に対する為替予約について以下の期中仕訳及び決算整理仕訳が行われている。

(借)	為 替 差 損 益	800(*8)	(貸)	売 掛 金	3,200(*10)
	前 払 費 用	2,400(*9)			
(借)	為 替 差 損 益	1,600(*11)	(貸)	前 払 費 用	1,600

(*8) 800千ドル×(122円／ドル－121円／ドル)＝800

(*9) 800千ドル×(121円／ドル－ＦＲ118円／ドル)＝2,400

(*10) 800千ドル×(122円／ドル－ＦＲ118円／ドル)＝3,200

(*11) $2,400(*9) \times \dfrac{2 ヶ月(X19.2～X19.3)}{3 ヶ月(X19.2～X19.4)} = 1,600$

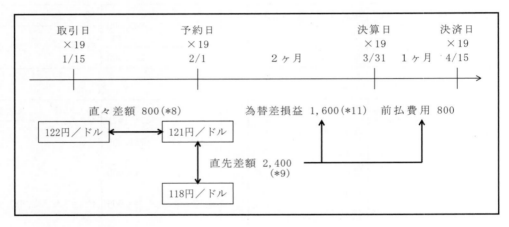

3．有価証券

（借）	現 金 及 び 現 金 同 等 物	46,850	（貸）	有 価 証 券 の 売 却 に よ る 収 入	46,850（*1）
（借）	有 価 証 券 の 取 得 に よ る 支 出	84,000（*2）	（貸）	現 金 及 び 現 金 同 等 物	84,000
（借）	投 資 有 価 証 券 の 取 得 に よ る 支 出	66,000（*3）	（貸）	現 金 及 び 現 金 同 等 物	66,000
（借）	子 会 社 株 式 の 取 得 に よ る 支 出	100,000（*4）	（貸）	現 金 及 び 現 金 同 等 物	100,000
（借）	現 金 及 び 現 金 同 等 物	6,240	（貸）	利 息 及 び 配 当 金 の 受 取 額	6,240（*5）

（*1）　取得原価47,600－P/L 有価証券売却損750＝46,850

（注）　なお，以下の仕訳が行われている。

| （借） | 現 金 預 金 | 46,850（*1） | （貸） | 有 価 証 券 | 47,600 |
| | 有 価 証 券 売 却 損 益 | 750 | | | |

（注）　P/L 営業外費用に支払手数料がないため，売却手数料は「有価証券売却損益」に含めて処理していると判断する。

（*2）　当期B/S 有価証券87,600－有価証券評価益3,600（*6）＝84,000

（*3）　ＺＺ社株式取得原価37,500（*7）＋ＫＫ社社債取得原価28,500＝66,000

（*4）　当期B/S 関係会社株式より

（*5）　配当金5,640＋有価証券利息600（*8）＝6,240

（*6）　P/L 有価証券評価益3,200＋ＹＹ社に係る前期有価証券評価益の戻入400（*9）＝3,600

（*7）　当期B/S 投資有価証券64,800－ＫＫ社社債償却原価28,800（*10）

　　　　　　　　　　　　　　　　　　　　　　　＋P/L 投資有価証券評価損1,500＝37,500

（*8）　額面30,000×券面利子率2％＝600

（*9）　前期B/S 48,000－取得原価47,600＝400

（*10）　取得原価28,500＋当期償却額300（*11）＝28,800

（*11）（額面30,000－取得原価28,500）× $\dfrac{12ヶ月（X18.4〜X19.3）}{60ヶ月（X18.4〜X23.3）}$ ＝300

4．有形固定資産

（借）	現 金 及 び 現 金 同 等 物	55,000	（貸）	有形固定資産の売却による収入	55,000（*1）
（借）	有形固定資産の取得による支出	40,000（*2）	（貸）	現 金 及 び 現 金 同 等 物	40,000

（*1）　135,000（*3）－（期首減価償却累計額72,900＋当期減価償却費2,700（*4）＋P/L 建物売却損4,400）

$$＝55,000$$

（*2）　当期B/S 備品229,000－前期B/S 備品189,000＝40,000

（*3）　前期B/S 建物1,035,000－当期B/S 建物900,000＝135,000

（*4）　$135,000（*3）×0.9÷30年×\dfrac{8ヶ月（X18.4～X18.11）}{12ヶ月}＝2,700$

（注）　なお，以下の仕訳が行われている。

（借）	建 物 減 価 償 却 累 計 額	72,900	（貸）	建 物	135,000（*3）
	建 物 減 価 償 却 費	2,700（*4）			
	現 金 預 金	55,000（*1）			
	建 物 売 却 損	4,400			

（注）　なお，土地の交換取引についてはキャッシュ・フローが生じない点に注意すること。

5．リース取引

（借）	リース債務の返済による支出	11,987（*2）	（貸）	現 金 及 び 現 金 同 等 物	13,387（*1）
	利 息 の 支 払 額	1,400（*3）			

（*1）　リース料年額

（*2）　13,387（*1）－利息相当額1,400（*3）＝11,987

（*3）　リース債務50,000×2.8％＝1,400

6．貸付金

(借)	貸 付 け に よ る 支 出	235,600(*1)	(貸)	現 金 及 び 現 金 同 等 物	235,600	
(借)	現 金 及 び 現 金 同 等 物	200,000	(貸)	貸付金の回収による収入	200,000(*2)	
(借)	現 金 及 び 現 金 同 等 物	6,000	(貸)	利息及び配当金の受取額	6,000(*3)	

(*1) X18.10/1貸付75,600(*4)＋X19.1/1貸付160,000＝235,600

(*2) X16.8/1貸付

(*3) 200,000×3.0％＝6,000

(*4) 600千ドル×126円／ドル＝75,600

(注) なお，貸付金に対する為替予約について以下の期中仕訳及び決算整理仕訳が行われている。

(借)	短 期 貸 付 金	73,800(*5)	(貸)	現 金 預 金	75,600(*4)	
	前 払 費 用	1,800				
(借)	為 替 差 損 益	900(*6)	(貸)	前 払 費 用	900	

(*5) 600千ドル×ＦＲ123円／ドル＝73,800

(*6) $1,800 \times \dfrac{6 \text{ヶ月} (\text{X18.10} \sim \text{X19.3})}{12 \text{ヶ月} (\text{X18.10} \sim \text{X19.9})} = 900$

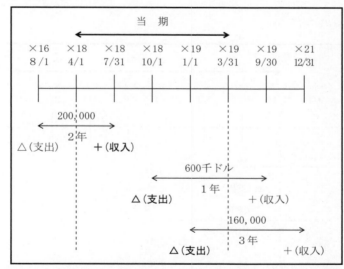

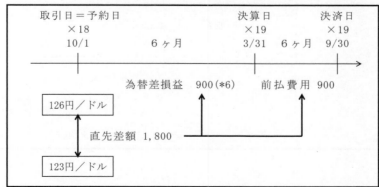

7．借入金

（借）	現 金 及 び 現 金 同 等 物	35,000	（貸）	短 期 借 入 れ に よ る 収 入	35,000	(*1)
（借）	短 期 借 入 金 の 返 済 に よ る 支 出	40,000(*2)	（貸）	現 金 及 び 現 金 同 等 物	40,000	
（借）	現 金 及 び 現 金 同 等 物	150,000	（貸）	長 期 借 入 れ に よ る 収 入	150,000	(*3)
（借）	長 期 借 入 金 の 返 済 に よ る 支 出	130,000(*4)	（貸）	現 金 及 び 現 金 同 等 物	130,000	
（借）	利 息 の 支 払 額	5,430(*5)	（貸）	現 金 及 び 現 金 同 等 物	5,430	

(*1) X18.7/1借入10,000＋X19.1/1借入25,000＝35,000

(*2) X17.10/1借入30,000＋X18.7/1借入10,000＝40,000

(*3) X19.2/1借入

(*4) X13.7/1借入

(*5) 4,420(*6)＋450(*7)＋60(*8)＋500(*9)＝5,430

(*6) 130,000×3.4%＝4,420

(*7) 30,000×1.5%＝450

(*8) $10,000 \times 1.2\% \times \dfrac{6 \text{ヶ月} (\text{X18.7} \sim \text{X18.12})}{12 \text{ヶ月}} = 60$

(*9) 25,000×2.0%＝500

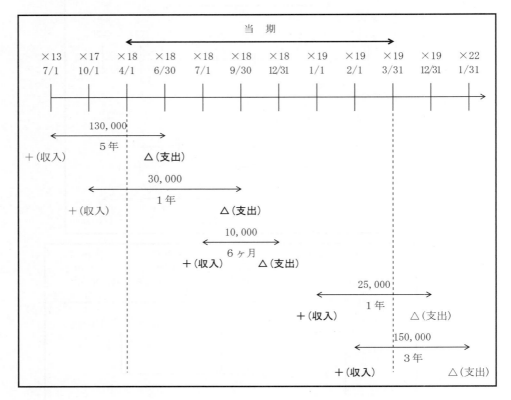

8．社　債

　(1) 臨時買入償還

(借)	社 債 の 償 還 に よ る 支 出	49,500	(貸)	現 金 及 び 現 金 同 等 物	49,500
(借)	利 息 の 支 払 額	1,050(*1)	(貸)	現 金 及 び 現 金 同 等 物	1,050

(*1)　額面50,000×年利率3.6%× $\dfrac{7\text{ヶ月 (X18.4〜X18.10)}}{12\text{ヶ月}}$ ＝1,050

　(2) 社債利息の支払

(借)	利 息 の 支 払 額	12,600(*2)	(貸)	現 金 及 び 現 金 同 等 物	12,600

(*2)　未償還分350,000(*3)×年利率3.6%＝12,600

(*3)　400,000－償還分50,000＝350,000

9．退職給付引当金

(借)	人 件 費 の 支 出	7,500(*1)	(貸)	現 金 及 び 現 金 同 等 物	7,500

(*1)　年金基金への拠出額

10．増　資

(借)	現 金 及 び 現 金 同 等 物	264,000	(貸)	株 式 の 発 行 に よ る 収 入	264,000(*1)

(*1)　増資による資本金増加額270,000(*2)－株式交付費6,000＝264,000

(*2)　S/S 当期変動額，新株の発行より

(注)　なお，以下の仕訳が行われている。

(借)	現 金 預 金	270,000	(貸)	資 本 金	270,000(*2)
(借)	株 式 交 付 費	6,000	(貸)	現 金 預 金	6,000

11．自己株式

(1) 処　分

(借)	現 金 及 び 現 金 同 等 物	17,700	(貸)	自 己 株 式 の 処 分 に よ る 収 入	17,700(*1)

(*1)　処分した自己株式の帳簿価額15,000＋自己株式処分差益3,000(*2)－株式交付費300＝17,700

(*2)　S/S 当期変動額，自己株式の処分より

(注)　なお，以下の仕訳が行われている。

(借)	現 金 預 金	18,000	(貸)	自 己 株 式	15,000
				そ の 他 資 本 剰 余 金	3,000(*2)
(借)	株 式 交 付 費	300	(貸)	現 金 預 金	300

(2) 取　得

(借)	自 己 株 式 の 取 得 に よ る 支 出	4,500	(貸)	現 金 及 び 現 金 同 等 物	4,500

12. その他の取引

(借)	配 当 金 の 支 払 額	85,000(*1)	(貸)	現 金 及 び 現 金 同 等 物	85,000
(借)	人 件 費 の 支 出	37,000(*2)	(貸)	現 金 及 び 現 金 同 等 物	37,000
(借)	法 人 税 等 の 支 払 額	110,000(*3)	(貸)	現 金 及 び 現 金 同 等 物	110,000
(借)	人 件 費 の 支 出	288,300(*4)	(貸)	現 金 及 び 現 金 同 等 物	288,300
(借)	そ の 他 の 営 業 支 出	191,142(*5)	(貸)	現 金 及 び 現 金 同 等 物	191,142

(*1) 繰越利益剰余金の減少額93,500(*6)－利益準備金の積立額8,500(*6)＝85,000

(*2) 前期B/S 役員賞与引当金より

(*3) 前期B/S 未払法人税等60,000＋P/L 法人税，住民税及び事業税117,380

－当期B/S 未払法人税等67,380＝110,000

未 払 法 人 税 等

		期 首	60,000
当期支払 ∴	110,000(*3)	法人税等	117,380
期 末	67,380		

(*4) 給料支払200,100(*7)＋賞与支払88,200(*8)＝288,300

(*5) P/L 営業費より

(*6) S/S 当期変動額，剰余金の配当より

(*7) P/L 給料200,340＋前期末未払3,250－当期末未払3,490＝200,100

給 料

当期支払 ∴	200,100(*7)	前期未払給料	3,250
当期未払給料	3,490	P/L 200,340	

(*8) 前期B/S 賞与引当金28,000＋P/L 賞与60,200＝88,200

(注) なお，以下の仕訳が行われている

(借)	賞 与 引 当 金	28,000	(貸)	現 金 預 金	88,200(*8)
	賞 与	60,200			

13. 直接法によるキャッシュ・フロー計算書

キャッシュ・フロー計算書

自×18年4月1日 至×19年3月31日

I 営業活動によるキャッシュ・フロー

営 業 収 入	（1）	3,620,350
商 品 の 仕 入 れ に よ る 支 出	（2）△	2,626,400
人 件 費 の 支 出	（3）△	332,800（*1）
そ の 他 の 営 業 支 出	△	191,142
小 計		470,008
利 息 及 び 配 当 金 の 受 取 額	（4）	12,983（*2）
利 息 の 支 払 額	（5）△	20,480（*3）
法 人 税 等 の 支 払 額	（6）△	110,000
営業活動によるキャッシュ・フロー		352,511

II 投資活動によるキャッシュ・フロー

定 期 預 金 の 預 入 に よ る 支 出	（7）△	70,000
定 期 預 金 の 払 戻 に よ る 収 入	（8）	75,000
有 価 証 券 の 取 得 に よ る 支 出	△	84,000
有 価 証 券 の 売 却 に よ る 収 入	（9）	46,850
有 形 固 定 資 産 の 取 得 に よ る 支 出	△	40,000
有 形 固 定 資 産 の 売 却 に よ る 収 入	（10）	55,000
投 資 有 価 証 券 の 取 得 に よ る 支 出	（11）△	66,000
子 会 社 株 式 の 取 得 に よ る 支 出	△	100,000
貸 付 け に よ る 支 出	（12）△	235,600
貸 付 金 の 回 収 に よ る 収 入	（13）	200,000
投資活動によるキャッシュ・フロー	△	218,750

(*1) 役員賞与の支払額37,000＋給料の支払額200,100＋従業員賞与の支払額88,200
＋年金基金への拠出額7,500＝332,800

(*2) 定期預金に係る受取利息743＋株式に係る配当金5,640＋ＫＫ社社債に係る有価証券利息600
＋貸付金に係る受取利息6,000＝12,983

(*3) リース債務に係る利息1,400＋借入金に係る利息5,430＋社債利息（1,050＋12,600）＝20,480

Ⅲ　財務活動によるキャッシュ・フロー

    短 期 借 入 れ に よ る 収 入　(14)　　　35,000

    短 期 借 入 金 の 返 済 に よ る 支 出　　　△　40,000

    長 期 借 入 れ に よ る 収 入　　　　　150,000

    長 期 借 入 金 の 返 済 に よ る 支 出　(15)△　130,000

    リ ー ス 債 務 の 返 済 に よ る 支 出　(16)△　11,987

    社 債 の 償 還 に よ る 支 出　(17)△　49,500

    株 式 の 発 行 に よ る 収 入　(18)　264,000

    自 己 株 式 の 処 分 に よ る 収 入　(19)　17,700

    自 己 株 式 の 取 得 に よ る 支 出　　　△　4,500

    （配 当 金 の 支 払 額）(20)△　85,000

    財務活動によるキャッシュ・フロー　　　145,713

Ⅳ　現金及び現金同等物に係る換算差額(21)△　　100

Ⅴ　現 金 及 び 現 金 同 等 物 の 増 加 額　　　279,374

Ⅵ　現 金 及 び 現 金 同 等 物 の 期 首 残 高(22)　880,336(*4)

Ⅶ　現 金 及 び 現 金 同 等 物 の 期 末 残 高(23)　1,159,710(*5)

(*4)　前期B/S　現金及び預金925,336－X16.10/1預入定期預金45,000＝880,336

(*5)　当期B/S　現金及び預金

Ⅲ. 間接法によるキャッシュ・フロー計算書（営業活動によるキャッシュ・フローの小計欄まで）

キャッシュ・フロー計算書

自×18年4月1日　至×19年3月31日

Ⅰ　営業活動によるキャッシュ・フロー

（税 引 前 当 期 純 利 益）**(24)**		293,450(*1)
減 価 償 却 費		61,310(*2)
貸 倒 引 当 金 の 増 加 額		257(*3)
賞 与 引 当 金 の 減 少 額	△	13,300(*4)
役 員 賞 与 引 当 金 の 増 加 額		1,000(*5)
（退 職 給 付 引 当 金 の 増 加 額）**(25)**		1,860(*6)
受 取 利 息 及 び 受 取 配 当 金 **(26)**	△	12,124(*7)
支 払 利 息 **(27)**		19,590(*8)
有 価 証 券 評 価 益	△	3,200(*1)
有 価 証 券 売 却 損		750(*1)
為 替 差 損 **(28)**		1,800(*9)
投 資 有 価 証 券 評 価 損		1,500(*1)
株 式 交 付 費 **(29)**		6,300(*1)
建 物 売 却 損		4,400(*1)
社 債 償 還 損		225(*1)
売 上 債 権 の 増 加 額 **(30)**	△	32,850(*16)
棚 卸 資 産 の 減 少 額 **(31)**		9,000(*17)
仕 入 債 務 の 増 加 額		130,600(*18)
前 払 費 用 の 増 加 額 **(32)**	△	800(*19)
未 払 費 用 の 増 加 額 **(33)**		240(*21)
小 計		470,008

(*1) P/L より

(*2) P/L 建物減価償却費29,700＋P/L 車両減価償却費12,500＋P/L 備品減価償却費19,110＝61,310

(*3) 当期B/S 貸倒引当金17,357－前期B/S 貸倒引当金17,100＝257

(*4) 前期B/S 賞与引当金28,000－当期B/S 賞与引当金14,700＝13,300

(*5) 当期B/S 役員賞与引当金38,000－前期B/S 役員賞与引当金37,000＝1,000

(*6) 当期B/S 退職給付引当金77,860－前期B/S 退職給付引当金76,000＝1,860

(*7) P/L 受取利息配当金11,224＋P/L 有価証券利息900＝12,124

(*8) P/L 支払利息3,665＋P/L 社債利息15,925＝19,590

(*9) 現金及び現金同等物に係る為替差損100(*10)＋長期性預金に係る為替差損800(*11)

＋短期貸付金に係る為替差損900(*12)＝1,800

又は，P/L 為替差損11,400－売掛金に係る為替差損9,600(*13)＝1,800

(注) 間接法において税引前当期純利益に対する調整項目の一つとして為替差損益があるが，当該為替差損益は，損益計算書において計上された為替差損益のうち，原則として「営業活動によるキャッシュ・フロー」の**「小計」欄以降**（「投資活動によるキャッシュ・フロー」及び「財務活動によるキャッシュ・フロー」の区分を含む）**に記載される取引に係る為替差損益である。**

為 替 差 損 益

売掛金	9,600(*13)
現　金	100(*10)
長期性預金	800(*11)
短期貸付金	900(*12)

\} P/L 為替差損11,400

(*10) 100千ドル×(121円／ドル－CR120円／ドル)＝100

(*11) 200千ドル×(前期CR124円／ドル－CR120円／ドル)＝800

(*12) 600千ドル×(126円／ドル－FR123円／ドル)×$\frac{6ヶ月(X18.10～X.19.3)}{12ヶ月(X18.10～X.19.9)}$＝900

(*13) 7,200＋800(*14)＋1,600(*15)＝9,600

(*14) 800千ドル×(122円／ドル－121円／ドル)＝800

(*15) 800千ドル×(121円／ドル－FR118円／ドル)×$\frac{2ヶ月(X19.2～X19.3)}{3ヶ月(X19.2～X19.4)}$＝1,600

(*16)　当期B/S(受取手形365,800＋売掛金522,050)

$$-前期B/S(受取手形350,000＋売掛金505,000)＝32,850$$

(*17)　前期B/S　商品207,000－当期B/S　商品198,000＝9,000

(*18)　当期B/S(支払手形274,000＋買掛金514,000)

$$-前期B/S(支払手形298,000＋買掛金359,400)＝130,600$$

(*19)　当期前払費用(売掛金に係る為替予約差額)800(*20)

$$-前期前払費用(売掛金に係る為替予約差額)0＝800$$

(*20)　$800千ドル×(121円／ドル-ＦＲ118円／ドル)×\dfrac{1ヶ月(X19.4)}{3ヶ月(X19.2～X19.4)}＝800$

(*21)　当期未払給料3,490－前期未払給料3,250＝240

商品売買業を営むTAC株式会社の第16期（自×10年4月1日　至×11年3月31日）における下記の〔資料〕を参照して，以下の各問に答えなさい。なお，キャッシュ・フローに対する減少項目の数値には「△」を付すこと。

問1　直接法を採用した場合について，答案用紙に示したキャッシュ・フロー計算書上の各項目の金額を答えなさい。

問2　答案用紙に示したキャッシュ・フロー計算書を完成させなさい。

〔資料Ⅰ〕　損益計算書及び貸借対照表（単位：千円）

損　益　計　算　書

第15期　自×9年4月1日　至×10年3月31日

第16期　自×10年4月1日　至×11年3月31日

科　目	第15期	第16期	科　目	第15期	第16期
期首商品棚卸高	242,500	225,500	売上高	2,980,000	3,010,000
当期商品仕入高	2,178,000	2,203,000	期末商品棚卸高	232,000	221,400
商品低価評価損	4,300	3,800	受取利息配当金	11,480	9,250
営業費	320,954	325,234	有価証券利息	2,300	1,800
棚卸減耗費	2,200	1,800	有価証券売却益	1,760	1,700
給料	74,900	76,200	有価証券評価益	580	?
賞与	21,400	23,200	為替差益	2,864	4,550
賞与引当金繰入額	7,200	8,200	仕入割引	1,540	1,240
貸倒損失	1,800	2,100	備品売却益	—	4,500
貸倒引当金繰入額	2,700	3,600	社債償還益	—	300
建物減価償却費	24,000	26,250			
備品減価償却費	75,000	61,500			
支払利息	11,000	10,100			
社債利息	14,000	14,000			
売上割引	2,570	2,250			
法人税，住民税及び事業税	100,000	108,000			
当期純利益	150,000	?			
合計	3,232,524	?	合計	3,232,524	?

貸 借 対 照 表

第15期 ×10年3月31日 第16期 ×11年3月31日

科 目	第 15 期	第 16 期	科 目	第 15 期	第 16 期
現 金 及 び 預 金	431,800	338,416	支 払 手 形	350,200	395,200
受 取 手 形	420,000	430,000	買 掛 金	190,300	230,810
売 掛 金	280,000	308,340	短 期 借 入 金	75,000	90,000
貸 倒 引 当 金	△ 14,000	△ 14,600	一年内返済予定長期借入金	100,000	100,000
有 価 証 券	80,580	105,724	未 払 金	20,000	1,500
商 品	225,500	215,800	未 払 費 用	2,700	3,770
未 収 収 益	720	2,850	未 払 法 人 税 等	60,000	58,000
短 期 貸 付 金	—	133,200	前 受 金	10,000	21,000
建 物	800,000	950,000	前 受 収 益	—	3,600
減 価 償 却 累 計 額	△ 288,000	△ 314,250	賞 与 引 当 金	7,200	?
備 品	500,000	320,000	社 債	392,000	295,500
減 価 償 却 累 計 額	△ 225,000	△ 192,000	長 期 借 入 金	300,000	200,000
土 地	600,000	600,000	資 本 金	1,000,000	1,000,000
建 設 仮 勘 定	110,000	—	利 益 準 備 金	146,000	156,000
投 資 有 価 証 券	48,800	49,100	任 意 積 立 金	100,000	110,000
			繰 越 利 益 剰 余 金	217,000	?
合 計	2,970,400	2,932,580	合 計	2,970,400	2,932,580

(注) 経過勘定の内訳は以下のとおりである。

内 訳		第 15 期	第 16 期
未 収 収 益	未 収 利 息	720	2,850
未 払 費 用	未 払 給 料	2,200	2,420
	未 払 利 息	500	1,350
前 受 収 益	売掛金に係る為替予約	—	600
	貸付金に係る為替予約	—	3,000

〔資料Ⅱ〕 解答上の留意事項

1. 売掛金の貸倒を除き，債権債務は順調に決済されている。なお，債権と債務を直接相殺する取引，手形の裏書譲渡及び手形の割引は一切行っていない。

2. 為替予約については振当処理を採用しており，為替予約差額の期間配分は月割で行っている。

3. 利息の計算は月割で行っており，利息の受取及び支払は当座により順調に行われている。

4. 現金同等物は預入期間3ヶ月以内の定期預金のみである。

5. 当期末における直物レートは 112円／ドルである。

6. 税効果会計は無視すること。

〔資料Ⅲ〕 財務諸表上の各科目に関する事項

1．現金及び預金の内訳は現金，当座預金及び定期預金である。

2．期末実査

保 管 物	金 額	備 考
国内紙幣及び貨幣	120千円	―
米 ド ル 紙 幣	50千ドル	当期に取得したものであり，取得日レートは 110円／ドルである。
自己振出小切手	1,500千円	営業費の支払いのためのものであり，期末現在未渡しである。

3．定期預金

(1) 当期の定期預金一覧表は以下のとおりである。

預 入 金 額	預 入 日	満 期 日
100,000千円	×10年2月1日	×10年4月30日
65,000千円	×10年3月1日	×10年8月31日
48,000千円	×10年5月1日	×11年4月30日
80,000千円	×10年8月1日	×10年10月31日
125,000千円	×10年9月1日	×11年2月28日
95,000千円	×11年1月1日	×11年12月31日
350千ドル	×11年2月1日	×11年7月31日

(2) 満期日の到来した定期預金の元本については，利息とともに当座に預け入れている。また，×11年2月1日の直物レートは 105円／ドルであった。

4．売上債権

×11年1月5日に発生した売掛金（決済日：×11年6月30日） 200千ドルについて，×11年2月1日に為替予約を付した。なお，×11年1月5日の直物レートは 100円／ドルであり，予約日の直物レートは 105円／ドル，予約日の×11年6月30日決済の先物レートは 110円／ドルである。

5．有価証券

当期の有価証券一覧表は以下のとおりである。なお，売買目的有価証券は洗替方式を採用している。

	分 類	取得原価（前 期 末）	当期増加額	当期減少額	取得原価（当 期 末）	時 価（当 期 末）	備 考
E社株式	売買目的	80,000千円	20,900千円	24,500千円	76,400千円	77,500千円	―
O社株式	売買目的	―	250千ドル	―	250千ドル	252千ドル	①
T社社債	満期保有	48,500千円	―	―	48,500千円	―	②

① 取得時レートは 107円／ドルである。

② 取得日は×9年4月1日であり，額面金額50,000千円，償還日×14年3月31日，年利率3％，利払日3月末の約定である。また，取得価額と額面金額との差額は金利調整差額と認められるため，償却原価法（定額法）を適用している。

6．固定資産

固定資産台帳は以下のとおりである。　　　　　　　　　　　　　　　　　（単位：千円）

	取 得 原 価				減価償却累計額			
	前 期 末	当期増加額	当期減少額	当 期 末	前 期 末	当期増加額	当期減少額	当 期 末
建　　　物	800,000	150,000	—	950,000	288,000	26,250	—	314,250
Ａ　備　品	320,000	—	—	320,000	144,000	48,000	—	192,000
Ｂ　備　品	180,000	—	180,000		81,000	13,500	94,500	—
土　　　地	600,000	—	—	600,000	—	—	—	—
建設仮勘定	110,000	—	110,000		—	—	—	—

(1) 建物の一部については期中に完成し，完成引渡時に小切手　？　千円を振り出している。

(2) Ｂ備品については期中に売却し，売却時に他社振出小切手　？　千円を受け取っている。

(3) 〔資料Ⅰ〕における未払金の前期末残高20,000千円は前期に取得した土地の購入代金の一部である。

(4) 建設仮勘定については建物建設中に支出したものであり，期中に完成した。

7．当期に甲社の一部門を事業譲受により 4,990千円で買収した。なお，事業譲受をする部門の資産及び負債は以下のとおりである。

現金預金： 2,160千円　　　売掛金： 8,340千円　　　買掛金： 5,510千円

8．貸付金

内 　 容	金 　 　 額	貸 　 付 　 日	取引日直物レート	決 　 済 　 日	備 考
貸 付 金	1,200千ドル	×10年10月 1 日	108円／ドル	×11年 9 月30日	（注）

(注) ×10年10月15日（直物レート 106円／ドル）に 1,200千ドルについて為替予約（×11年 9 月30日決済の先物レート 111円／ドル）を行った。

9．借入金

借 　 入 　 日	借 入 金 額	借入期間	返 　 済 　 日	備 考
×9年 4 月 1 日	500,000千円	5 　年	均 　 等 　 返 　 済	（注）
×10年 2 月 1 日	75,000千円	6 ヶ月	×10年 7 月31日	—
×10年10月 1 日	90,000千円	10ヶ月	×11年 7 月31日	—

(注) ×10年 3 月末より一年毎に 100,000千円ずつ均等返済している。

10．社　債

発 　 行 　 日	額 面 金 額	発 行 価 額	償還期限	年利率	利払日	備 考
×9年 4 月 1 日	400,000千円	？　千円	5 年	3％	毎年 3 月末	（注）

(注) 当期末に額面 100,000千円を　？　千円により買入償還している。また，償却原価法（定額法）を採用しており，当期の償却額は 2,000千円である。

11．当期に配当金 100,000千円を支払っている。

【解答】

問1 （単位：千円）

科　　　　目	金　　　額	科　　　　目	金　　　額
営　業　収　入	★　　2,985,650	商品の仕入れによる支出	★ △ 2,121,760

問2 （単位：千円）

キャッシュ・フロー計算書
自×10年4月1日　至×11年3月31日

I　営業活動によるキャッシュ・フロー

税 引 前 当 期 純 利 益	（★　　270,000 ）
減 価 償 却 費	（　　　87,750 ）
貸 倒 引 当 金 の 増 加 額	（　　　　600 ）
賞 与 引 当 金 の 増 加 額	（★　　　1,000 ）
受 取 利 息 及 び 受 取 配 当 金	（　△　11,050 ）
支 払 利 息	（★　　24,100 ）
有 価 証 券 売 却 益	（　△　1,700 ）
有 価 証 券 評 価 益	（★△　1,994 ）
（為 替 差 益）	（★△　3,150 ）
有 形 固 定 資 産 売 却 益	（　△　4,500 ）
社 債 償 還 益	（　△　　300 ）
売 上 債 権 の 増 加 額	（★△　30,000 ）
棚 卸 資 産 の 減 少 額	（　　　9,700 ）
仕 入 債 務 の 増 加 額	（　　　80,000 ）
未 払 金 の 増 加 額	（★　　1,500 ）
未 払 費 用 の 増 加 額	（★　　　220 ）
前 受 金 の 増 加 額	（　　　11,000 ）
前 受 収 益 の 増 加 額	（★　　　600 ）
小　　　計	（　　433,776 ）
利 息 及 び 配 当 金 の 受 取 額	（★　　8,620 ）
利 息 の 支 払 額	（★△　21,250 ）
法 人 税 等 の 支 払 額	（★△　110,000 ）
営業活動によるキャッシュ・フロー	（　　311,146 ）

II　投資活動によるキャッシュ・フロー

定期預金の預入による支出	（★ △ 304,750 ）
定期預金の払戻による収入	（★　190,000 ）
有価証券の取得による支出	（　△ 47,650 ）
有価証券の売却による収入	（★　26,200 ）
有形固定資産の取得による支出	（★ △ 60,000 ）
有形固定資産の売却による収入	（★　90,000 ）
事業譲受に伴う支出	（★ △ 2,830 ）
貸付けによる支出	（　△ 129,600 ）
投資活動によるキャッシュ・フロー	（　△ 238,630 ）

III　財務活動によるキャッシュ・フロー

短期借入れによる収入	（★　　90,000 ）
短期借入金の返済による支出	（　△ 75,000 ）
長期借入金の返済による支出	（★ △ 100,000 ）
社債の償還による支出	（★ △ 98,200 ）
配 当 金 の 支 払 額	（　△ 100,000 ）
財務活動によるキャッシュ・フロー	（　△ 283,200 ）

IV 現金及び現金同等物に係る換算差額	（★　　100 ）
V 現金及び現金同等物の減少額	（　△ 210,584 ）
VI 現金及び現金同等物の期首残高	（★　366,800 ）
VII 現金及び現金同等物の期末残高	（　　156,216 ）

【採点基準】

　★ 4 点×25箇所＝100点

【解答時間及び得点】

	日　付	解答時間	得　点	Ｍ　Ｅ　Ｍ　Ｏ
1	／	分	点	
2	／	分	点	
3	／	分	点	
4	／	分	点	
5	／	分	点	

【チェック・ポイント】

出題分野	出題論点	日　付				
		／	／	／	／	／
キャッシュ・フロー計算書	直　　　接　　　法					
	間　　　接　　　法					

【解答への道】（単位：千円）

I．　|問1|　について

1．営業収入

（借）　現 金 及 び 現 金 同 等 物　2,985,650	（貸）　営　業　収　入　2,985,650（*1）

(*1)　売上債権の回収額（X－35,350）＋前受金の受取額（3,021,000－X）＝2,985,650

(注)　売上は，売上債権による売上及び前受金による売上と仮定し，売上債権による売上をXとおくと以下の勘定分析になる。

受取手形＋売掛金

期　　首　　700,000 (*2)	現及現同
	∴　X－35,350
売　　上　　　　X	
前受収益　　1,000 (*3)	貸倒引当金　　3,000 (*5)
為替差損益　1,000 (*4)	貸倒損失　　2,100
事業譲受　　8,340	売上割引　　2,250
	期　　末　　738,340 (*6)

前　受　金

売　　上	期　　首　　10,000
3,010,000－X	現及現同
期　　末　　21,000	∴　3,021,000－X

(*2)　第15期B/S　受取手形420,000＋第15期B/S　売掛金280,000＝700,000

(*3)　200千ドル×（ＦＲ110円／ドル－105円／ドル）＝1,000

(*4)　200千ドル×（105円／ドル－100円／ドル）＝1,000

(*5)　　　　　　　　貸倒引当金

貸　　倒　　∴　3,000 (*5)	期　　首　　14,000
期　　末　　14,600	繰　入　額　　3,600

(*6)　第16期B/S　受取手形430,000＋第16期B/S　売掛金308,340＝738,340

2．商品の仕入れによる支出

（借）　商品の仕入れによる支出　2,121,760（*1）	（貸）　現 金 及 び 現 金 同 等 物　2,121,760

(*1)　仕入は，すべて仕入債務による仕入と仮定すると以下の勘定分析になる。

支払手形＋買掛金

現及現同	期　　首　　540,500 (*2)
∴　2,121,760 (*1)	
仕入割引　　1,240	仕　　入　　2,203,000
	事業譲受　　5,510
期　　末　　626,010 (*3)	

(*2)　第15期B/S　支払手形350,200＋第15期B/S　買掛金190,300＝540,500

(*3)　第16期B/S　支払手形395,200＋第16期B/S　買掛金230,810＝626,010

Ⅱ． 問2 について

1．〔資料Ⅰ〕の空欄推定

　(1) 損益計算書

　　　　有価証券評価益： 1,994 ← 期末評価によるもの2,574(*1)−第15期有価証券評価益580(*2)

　　　　当 期 純 利 益：162,000 ← 貸借差額

　(*1)　時価合計(E社株式77,500＋O社株式252千ドル×CR112円／ドル)

　　　　　　　　　　−取得原価合計(E社株式76,400＋O社株式250千ドル×107円／ドル)＝2,574

　(注)　期末評価の仕訳は以下のとおりである。

　　┌───┐
　　│(借) 有 　価 　証 　券 　 2,574(*1) 　(貸) 有 価 証 券 評 価 損 益 　 2,574│
　　└───┘

　(*2)　第15期P/L 有価証券評価益より

　(注)　期首における洗替処理の仕訳は以下のとおりである。

　　┌───┐
　　│(借) 有 価 証 券 評 価 損 益 　 580(*2) 　(貸) 有 　価 　証 　券 　 580│
　　└───┘

　(2) 貸借対照表

　　　　賞 与 引 当 金： 8,200 ← P/L 賞与引当金繰入額より

　　　　繰越利益剰余金：259,000 ← 貸借差額

2．現金及び現金同等物の期首残高及び期末残高

　(1) 現金及び現金同等物の期首残高

　　　　第15期B/S 現金及び預金431,800−定期預金6ヶ月(X10.3預入)65,000＝366,800

　(2) 現金及び現金同等物の期末残高

　　　　第16期B/S 現金及び預金338,416−定期預金1年(X10.5預入)48,000

　　　　　　　　　−定期預金1年(X11.1預入)95,000−定期預金6ヶ月(X11.2預入)39,200(*1)＝156,216

　(*1)　350千ドル×CR112円／ドル＝39,200

３．営業活動に係るキャッシュ・フロー（小計欄以下のもの）

(1) 利息及び配当金の受取額

（借） 現 金 及 び 現 金 同 等 物	8,620	（貸） 利息及び配当金の受取額	8,620（*1）

(*1)　P/L 受取利息配当金9,250＋P/L 有価証券利息1,800＋第15期未収利息720－第16期未収利息2,850

$$－当期償却額300（*2）＝8,620$$

(*2)　$（額面50,000－取得原価48,500）\times \dfrac{12ヶ月（X10.4〜X11.3）}{60ヶ月}＝300$

受取利息配当金

第15期未収利息　720	当期受取額 ∴ 7,120
（P/L 9,250）	第16期未収利息　2,850

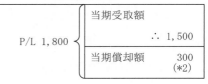

有価証券利息

	当期受取額 ∴ 1,500
P/L 1,800	当期償却額　300（*2）

(2) 利息の支払額

（借） 利 息 の 支 払 額	21,250（*1）	（貸） 現 金 及 び 現 金 同 等 物	21,250

(*1)　P/L 支払利息10,100＋P/L 社債利息14,000＋第15期未払利息500－第16期未払利息1,350

$$－当期償却額2,000＝21,250$$

支払利息

当期支払額 ∴ 9,250	第15期未払利息　500
第16期未払利息　1,350	P/L 10,100

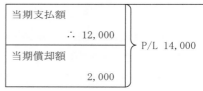

社債利息

当期支払額 ∴ 12,000	
当期償却額 2,000	P/L 14,000

(3) 法人税等の支払額

（借） 法 人 税 等 の 支 払 額	110,000（*1）	（貸） 現 金 及 び 現 金 同 等 物	110,000

(*1)　P/L 法人税，住民税及び事業税108,000＋第15期B/S 未払法人税等60,000

$$－第16期B/S 未払法人税等58,000＝110,000$$

未払法人税等

当期納付 ∴ 110,000（*1）	期　首　60,000
期　末　58,000	法人税等 108,000

4．投資活動に係るキャッシュ・フロー

(1) 定期預金

(借)	定期預金の預入による支出	304,750(*1)	(貸)	現 金 及 び 現 金 同 等 物	304,750
(借)	現 金 及 び 現 金 同 等 物	190,000	(貸)	定期預金の払戻による収入	190,000(*2)

(*1)　6ヶ月(X10.9預入)125,000＋6ヶ月(X11.2預入)350千ドル×105円／ドル

　　　　　　　　　　　　＋1年(X10.5預入)48,000＋1年(X11.1預入)95,000＝304,750

(*2)　6ヶ月(X10.8満期)65,000＋6ヶ月(X11.2満期)125,000＝190,000

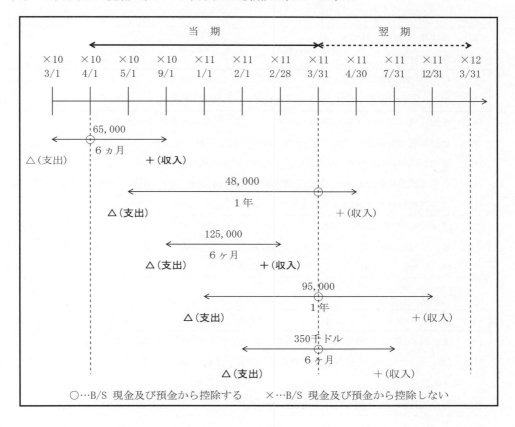

(2) 有価証券

(借)	有価証券の取得による支出	47,650(*1)	(貸)	現 金 及 び 現 金 同 等 物	47,650
(借)	現 金 及 び 現 金 同 等 物	26,200	(貸)	有価証券の売却による収入	26,200(*2)

(*1) 当期増加額（E社株式20,900＋O社株式250千ドル×107円／ドル）＝47,650

(*2) 当期減少額24,500（E社株式）＋P/L 有価証券売却益1,700＝26,200

(注) 期中に行われた仕訳は以下のとおりである。

(借)	現 金 預 金	26,200(*2)	(貸)	有 価 証 券	24,500(*3)
				有 価 証 券 売 却 益	1,700

(*3) 当期減少額（E社株式）

(3) 有形固定資産

(借)	有形固定資産の取得による支出	60,000(*1)	(貸)	現 金 及 び 現 金 同 等 物	60,000
(借)	現 金 及 び 現 金 同 等 物	90,000	(貸)	有形固定資産の売却による収入	90,000(*2)

(*1) 建物完成時の小切手振出額40,000(*3)＋土地に係る未払金20,000＝60,000

(*2) B備品売却時簿価85,500(*4)＋P/L 備品売却益4,500＝90,000

(*3) 建物の増加額150,000－建設仮勘定の当期完成額110,000＝40,000

(*4) B備品取得原価180,000－B備品期首減価償却累計額81,000－B備品減価償却費13,500＝85,500

(注) 期中に行われた仕訳は以下のとおりである。

(借)	備 品 減 価 償 却 累 計 額	81,000	(貸)	備 品	180,000
	備 品 減 価 償 却 費	13,500		備 品 売 却 益	4,500
	現 金 預 金	90,000(*2)			

(4) 事業譲受

(借)	事 業 譲 受 に 伴 う 支 出	2,830(*1)	(貸)	現 金 及 び 現 金 同 等 物	2,830

(*1) 支払代価（買収価額）4,990－譲り受けた事業に含まれる現金預金2,160＝2,830

(注) 譲り受けた財産の中に現金及び現金同等物が含まれる場合は，当該金額を事業譲渡に伴う支出から控除する。

(注) 期中に行われた仕訳は以下のとおりである。

(借)	現 金 預 金	2,160	(貸)	買 掛 金	5,510
	売 掛 金	8,340		現 金 預 金	4,990

（参考１）事業譲受及び事業譲渡に係るキャッシュ・フロー

　１．事業譲受に係るキャッシュ・フロー

　　　事業譲受とは，企業活動を行うために組織化された有機的一体としての機能的財産の全部又は一部を譲り受けることである。事業譲受に伴う支出額は「投資活動によるキャッシュ・フロー」の区分に記載する。ただし，譲り受けた財産の中に現金及び現金同等物が含まれる場合は，「事業譲受に伴う支出」から控除する。

「事業譲受に伴う支出」

　＝　支払代価（買収価額）－　譲り受けた財産に含まれる現金及び現金同等物の額

　２．事業譲渡に係るキャッシュ・フロー

　　　事業譲渡とは，企業活動を行うために組織化された有機的一体としての機能的財産の全部又は一部を譲り渡すことである。事業譲渡に伴う収入額は「投資活動によるキャッシュ・フロー」の区分に記載する。ただし，譲り渡した財産の中に現金及び現金同等物が含まれる場合は，「事業譲渡に伴う収入」から控除する。

「事業譲渡に伴う収入」

　＝　受取代価（譲渡価額）－　譲り渡した財産に含まれる現金及び現金同等物の額

（5）貸付金

（借）貸付けによる支出　　129,600(*1)　（貸）現金及び現金同等物　　129,600

(*1)　1,200千ドル×108円／ドル＝129,600

5．財務活動に係るキャッシュ・フロー

(1) 借入金

(借)	現金及び現金同等物	90,000	(貸)	短期借入れによる収入	90,000(*1)
(借)	短期借入金の返済による支出	75,000(*2)	(貸)	現金及び現金同等物	75,000
(借)	長期借入金の返済による支出	100,000(*3)	(貸)	現金及び現金同等物	100,000

(*1)　10ヶ月(X10.10借入)

(*2)　6ヶ月(X10.7返済)

(*3)　500,000÷5年＝100,000

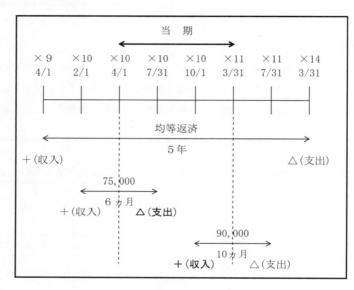

(2) 社　債

(借)	社債の償還による支出	98,200(*1)	(貸)	現金及び現金同等物	98,200

(*1)　臨時買入償還した社債の簿価98,500(*2)－P/L 社債償還益300＝98,200

(*2)　第15期B/S 社債392,000＋当期償却額2,000－第16期B/S 社債295,500＝98,500

(注)　期中に行われた仕訳は以下のとおりである。

(借)	社　　　　　　　債	98,500(*2)	(貸)	現　金　預　金	98,200(*1)
				社　債　償　還　益	300

(3) 配当金の支払

(借)	配当金の支払額	100,000	(貸)	現金及び現金同等物	100,000

6．営業活動に係るキャッシュ・フロー（小計欄まで）

キャッシュ・フロー計算書

自×10年4月1日　至×11年3月31日

Ⅰ　営業活動によるキャッシュ・フロー

税 引 前 当 期 純 利 益	270,000（*1）
減 価 償 却 費	87,750（*2）
貸 倒 引 当 金 の 増 加 額	600（*3）
賞 与 引 当 金 の 増 加 額	1,000（*4）
受 取 利 息 及 び 受 取 配 当 金	△ 11,050（*5）
支 払 利 息	24,100（*6）
有 価 証 券 売 却 益	△ 1,700（*7）
有 価 証 券 評 価 益	△ 1,994（*7）
為 替 差 益	△ 3,150（*8）
有 形 固 定 資 産 売 却 益	△ 4,500（*7）
社 債 償 還 益	△ 300（*7）
売 上 債 権 の 増 加 額	△ 30,000（*9）
棚 卸 資 産 の 減 少 額	9,700（*10）
仕 入 債 務 の 増 加 額	80,000（*11）
未 払 金 の 増 加 額	1,500（*12）
未 払 費 用 の 増 加 額	220（*13）
前 受 金 の 増 加 額	11,000（*14）
前 受 収 益 の 増 加 額	600（*15）
小 計	433,776

(*1)　P/L 当期純利益162,000＋P/L 法人税，住民税及び事業税108,000＝270,000

(*2)　P/L 建物減価償却費26,250＋P/L 備品減価償却費61,500＝87,750

(*3)　第16期B/S 貸倒引当金14,600－第15期B/S 貸倒引当金14,000＝600

(*4)　第16期B/S 賞与引当金8,200－第15期B/S 賞与引当金7,200＝1,000

(*5)　P/L 受取利息配当金9,250＋P/L 有価証券利息1,800＝11,050

(*6)　P/L 支払利息10,100＋P/L 社債利息14,000＝24,100

(*7)　P/L より

(*8)　後述（間接法の調整項目としての為替差損益参照）

(*9)　第16期B/S（受取手形430,000＋売掛金308,340－事業譲受に伴う売掛金増加高8,340）

　　　　　　　　　　　　　　　－第15期B/S（受取手形420,000＋売掛金280,000）＝30,000

(注)　営業活動に係る資産及び負債の増減額には，営業活動によって増減した金額のみ計上するため，事業
　　　譲受に伴う増加額は控除する。

(*10)　第15期B/S 商品225,500－第16期B/S 商品215,800＝9,700

（*11）　第16期B/S（支払手形395,200＋買掛金230,810－事業譲受に伴う買掛金増加高5,510）

－第15期B/S（支払手形350,200＋買掛金190,300）＝80,000

（注）　営業活動に係る資産及び負債の増減額には，営業活動によって増減した金額のみ計上するため，事業譲受に伴う増加額は控除する。

（*12）　第16期B/S　未払金1,500＋第15期B/S　未払金0＝1,500

（*13）　第16期B/S　未払給料2,420－第15期B/S　未払給料2,200＝220

（*14）　第16期B/S　前受金21,000－第15期B/S　前受金10,000＝11,000

（*15）　後述（8．間接法の調整項目としての前受収益参照）

（注）　間接法によるキャッシュ・フロー計算書において，「営業活動に係る資産及び負債の増減額」として調整されるのは営業活動に係る項目である点に注意すること。

（参考2）　事業譲受及び事業譲渡がある場合の「営業活動によるキャッシュ・フロー」への影響

　　事業譲受及び事業譲渡に係るキャッシュ・フローは，「営業活動によるキャッシュ・フロー」の小計欄以降に計上される項目である。そのため，**事業譲受及び事業譲渡で増減した資産及び負債は，営業活動により増減したものでないことから，「営業活動によるキャッシュ・フロー」の区分で調整される「営業活動に係る資産及び負債の増減額」からは控除しなければならない。**

7．間接法の調整項目としての為替差損益

(1) 現金及び預金（決算整理）

(借)	現　金　預　金	100	(貸)	為　替　差　損　益	100(*1)

(*1)　50千ドル×（ＣＲ112円／ドル−110円／ドル）＝100

(2) 定期預金（決算整理）

(借)	現　金　預　金	2,450	(貸)	為　替　差　損　益	2,450(*1)

(*1)　350千ドル×（ＣＲ112円／ドル−105円／ドル）＝2,450

(3) 短期貸付金

① 貸付日

(借)	短　期　貸　付　金	129,600	(貸)	現　金　預　金	129,600(*1)

(*1)　1,200千ドル×108円／ドル＝129,600

② 予約日

(借)	短　期　貸　付　金	3,600(*2)	(貸)	前　受　収　益	6,000(*3)
	為　替　差　損　益	2,400(*4)			

(*2)　1,200千ドル×（ＦＲ111円／ドル−108円／ドル）＝3,600

(*3)　1,200千ドル×（ＦＲ111円／ドル−106円／ドル）＝6,000

(*4)　1,200千ドル×（108円／ドル−106円／ドル）＝2,400

③ 決算日

(借)	前　受　収　益	3,000(*5)	(貸)	為　替　差　損　益	3,000

(*5)　$6,000 \times \dfrac{6ヶ月（X10.10〜X11.3）}{12ヶ月（X10.10〜X11.9）} = 3,000$

◎　間接法の調整項目としての為替差益：100＋2,450−2,400＋3,000＝3,150

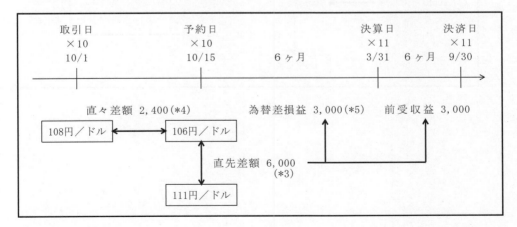

8．間接法の調整項目としての前受収益

(1) 売掛金

① 売上時

(借) 売 掛 金 20,000(*1) (貸) 売 上 20,000

(*1) 200千ドル×100円／ドル＝20,000

② 予約時

(借) 売 掛 金 2,000(*2) (貸) 前 受 収 益 1,000(*3)
為 替 差 損 益 1,000(*4)

(*2) 200千ドル×（ＦＲ110円／ドル－100円／ドル）＝2,000

(*3) 200千ドル×（ＦＲ110円／ドル－105円／ドル）＝1,000

(*4) 200千ドル×（105円／ドル－100円／ドル）＝1,000

③ 決算日

(借) 前 受 収 益 400(*5) (貸) 為 替 差 損 益 400

(*5) $1,000 \times \dfrac{2 \text{ヶ月（X11.2〜X11.3）}}{5 \text{ヶ月（X11.2〜X11.6）}} = 400$

◎ 間接法の調整項目としての前受収益：1,000－400＝600

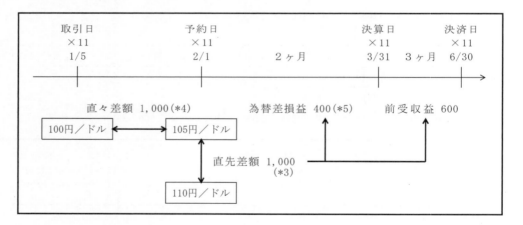

—198—

【MEMO】

　TAC株式会社（以下，当社とする）の当期（×6年1月1日から×6年12月31日までの1年間）に関する〔資料Ⅰ〕に基づいて，〔資料Ⅱ〕におけるキャッシュ・フロー計算書の空欄①～⑦の金額を答えなさい。なお，キャッシュ・フローの減少項目については金額の前に「△」を付すこと。特に指示のない取引は，当座による取引が行われているものとし，利息は月割計算すること。また，当社は，会計方針として預入期間が3ヶ月以内の定期預金を資金の範囲に含めている。

〔**資料Ⅰ**〕　期首残高試算表および決算整理後残高試算表

残 高 試 算 表　　　　　　　　　　　　　　　　（単位：千円）

借方科目	期首残高	整理後残高	貸方科目	期首残高	整理後残高
現 金 預 金	48,780	361,060	支 払 手 形	131,860	162,800
受 取 手 形	175,400	154,000	買 掛 金	355,800	222,320
売 掛 金	328,600	468,000	短 期 借 入 金	588,000	620,000
有 価 証 券	129,800	175,260	未 払 費 用	8,620	2,416
繰 越 商 品	28,700	25,700	未 払 法 人 税 等	96,480	117,800
未 収 入 金	—	110,000	賞 与 引 当 金	44,000	52,000
建 物	1,036,800	1,004,400	役 員 賞 与 引 当 金	58,680	57,760
土 地	1,816,000	1,416,000	社 債	133,700	81,480
仕 入	—	1,263,000	長 期 借 入 金	620,000	302,000
営 業 費	—	444,454	資 本 金	1,080,000	1,387,220
給 料	—	331,540	利 益 準 備 金	220,000	227,008
賞 与	—	94,000	繰 越 利 益 剰 余 金	218,540	141,452
賞与引当金繰入額	—	52,000	新 株 予 約 権	8,400	5,040
役員賞与引当金繰入額	—	57,760	売 上	—	2,857,500
減 価 償 却 費	—	32,400	仕 入 割 引	—	4,460
支 払 利 息	—	42,740	有価証券売却損益	—	2,160
社 債 利 息	—	2,520	有価証券評価損益	—	2,560
手 形 売 却 損	—	576	為 替 差 損 益	—	1,800
支 払 手 数 料	—	1,200	土 地 売 却 益	—	40,000
法人税, 住民税及び事業税	—	251,166			
合 計	3,564,080	6,287,776	合 計	3,564,080	6,287,776

　（注1）未払費用はすべて支払利息に係るものである。

1．現金預金勘定の内訳は，次のとおりである。

期首残高	当座預金　34,420千円，定期預金14,360千円
整理後残高	当座預金 269,734千円，定期預金47,226千円，ドル紙幣 450千ドル

（注1）定期預金には，預入期間が1年の定期預金（期首残高 2,260千円，整理後残高 5,780千円）が含まれている。これ以外の定期預金は，すべて預入期間が3ヶ月以内のものである。

（注2）決算整理後残高に含まれるドル紙幣は，×6年12月22日（1ドル＝97円）に外貨建売掛金を回収した際に取得したものである。なお，当期末の為替相場は1ドル＝98円である。

2．決算整理後残高における売上勘定の内訳は，現金売上 1,468,200千円，掛売上 1,389,300千円である。

3．当期の売上債権の増減は，次のとおりである（単位：千円）。

	期首残高	増加額	減少額	整理後残高
売掛金	328,600	1,389,300	1,249,900	468,000
受取手形	175,400	265,800	287,200	154,000

（注1）売掛金の増加額および減少額には，×6年11月3日（1ドル＝94円）に行った外貨建取引に係る450千ドルが含まれている。なお，当該外貨建売掛金は×6年12月22日（1ドル＝97円）に全額が決済されている。

（注2）決算整理後残高における手形売却損は，額面90,000千円の受取手形を割引に付した際に計上したものである。

4．当期商品仕入高の内訳は，現金仕入　？　千円，掛仕入 1,026,000千円である。

5．当期の仕入債務の増減は，次のとおりである（単位：千円）。

	期首残高	増加額	減少額	整理後残高
買掛金	355,800	1,026,000	1,159,480	222,320
支払手形	131,860	？	？	162,800

（注1）決算整理後残高における仕入割引は，買掛金の早期決済に伴い計上したものである。

6．期首残高における有価証券は売買目的で保有するＡＡ社株式であり，×6年4月13日に売却している。

　　なお，決算整理後残高における支払手数料および有価証券売却損益は当該売却の際に計上したものである。

　　決算整理後残高における有価証券は売買目的で保有するＢＢ社株式であり，×6年11月1日に取得している。なお，売買目的有価証券については切放方式により処理している。

7．×6年11月4日に当社が保有する土地（帳簿価額 400,000千円）を売却している。なお，決算整理後残高における未収入金は当該代金の一部を掛（受取日：×7年1月6日）としたことに伴い計上したものである。

8．短期借入金勘定および長期借入金勘定の内訳は，次のとおりである（単位：千円）。

	勘　定	借入金額	借入期間	年利率	利払日
期首残高	短期借入金	260,000	×4年4月1日～×6年3月31日	4.0%	3月末
		328,000	×5年12月1日～×6年5月31日	3.0%	5月末
	長期借入金	620,000	×3年1月1日～×7年12月31日	5.0%	12月末
整理後残高	短期借入金	620,000	×3年1月1日～×7年12月31日	5.0%	12月末
	長期借入金	302,000	×6年11月1日～×9年10月31日	4.8%	10月末

　（注1）上記の他に，×6年3月1日に 262,400千円（返済期限×6年8月31日，年利率 2.0%，利払日 8月末）の借入を行っている。

9．社債勘定および新株予約権勘定は，×5年1月1日に発行した転換社債型新株予約権付社債に係るものである。なお，6年6月30日に新株予約権の40%が権利行使され新株を発行している。また，権利行使に伴い消滅した社債については配当との調整上，利息を支払っていない。

　　転換社債型新株予約権付社債（額面 140,000千円，14,000口）の条件は次のとおりである。

払込金額	社債の払込金額：額面 100円につき　94円
	新株予約権の払込金額：1個につき　600円
償還期限及び年利率	×8年12月31日，　1.0%（利払日12月末）
新株予約権の内容	付与割合：社債券1口につき，新株予約権証券1個を付す。
	新株予約権の行使期間：5年3月1日から×8年12月31日
	権利行使に際して出資される財産：新株予約権が付された社債

　（注1）償却原価法（定額法）を採用している。

10．当期に第三者割当増資を行い 249,960千円の払込を受けている。また，剰余金の配当として70,080千円を支払っている。

〔資料Ⅱ〕　キャッシュ・フロー計算書

キャッシュ・フロー計算書

自×6年1月1日　至×6年12月31日

Ⅰ　営業活動によるキャッシュ・フロー

　　　営　業　収　入　（　　　　　　）

　　　商品の仕入れによる支出　（　　　　　　）

　　　人　件　費　の　支　出　（　　　　　　）

　　　その他の営業支出　（　　　　　　）

　　　　　　小　　計　（　　①　　）

　　　利　息　の　支　払　額　（　　②　　）

　　　法　人　税　等　の　支　払　額　（　　　　　　）

　　営業活動によるキャッシュ・フロー　（　　　　　　）

Ⅱ　投資活動によるキャッシュ・フロー

　　　定期預金の預入による支出　（　　　　　　）

　　　定期預金の払戻による収入　（　　　　　　）

　　　有価証券の取得による支出　（　　　　　　）

　　　有価証券の売却による収入　（　　　　　　）

　　　有形固定資産の売却による収入　（　　　　　　）

　　投資活動によるキャッシュ・フロー　（　　③　　）

Ⅲ　財務活動によるキャッシュ・フロー

　　　短期借入れによる収入　（　　　　　　）

　　　短期借入金の返済による支出　（　　④　　）

　　　長期借入れによる収入　（　　　　　　）

　　　長期借入金の返済による支出　（　　　　　　）

　　　株式の発行による収入　（　　　　　　）

　　　配　当　金　の　支　払　額　（　　　　　　）

　　財務活動によるキャッシュ・フロー　（　　⑤　　）

Ⅳ　現金及び現金同等物に係る換算差額　（　　⑥　　）

Ⅴ　現金及び現金同等物の増減額　（　　⑦　　）

Ⅵ　現金及び現金同等物の期首残高　（　　　　　　）

Ⅶ　現金及び現金同等物の期末残高　（　　　　　　）

【解　答】

①	409,520	②	△ 49,784	③	284,540	④	△590,400
⑤	△106,120	⑥	450	⑦	308,760		

【採点基準】

★ 4点 × 7箇所 ＝ 28点

【解答時間及び得点】

	日 付	解答時間	得 点	M E M O
1	／	分	点	
2	／	分	点	
3	／	分	点	
4	／	分	点	
5	／	分	点	

【チェック・ポイント】

出題分野	出題論点	日 付				
		／	／	／	／	／
キャッシュ・フロー計算書	資 金 の 範 囲					
	基 本 的 処 理 （ 直 接 法 ）					
	外 貨 に 係 る Ｃ Ｆ					

【解答への道】 （単位：千円）

Ⅰ．直接法によるキャッシュ・フロー計算書

1．現金及び預金

(1) 現 金

(借)	現 金 及 び 現 金 同 等 物	450	(貸)	現金及び現金同等物に係る換算差額	450(*1)

(*1) ドル紙幣450千ドル×（当期ＣＲ98円／ドル－取得日為替相場97円／ドル）＝450

(注) 個別会計上，ドル紙幣の期末換算替えに関して，以下の仕訳が行われている。

(借)	現 金 預 金	450(*1)	(貸)	為 替 差 損 益	450

(2) 定期預金

(借)	現 金 及 び 現 金 同 等 物	2,260	(貸)	定期預金の払戻による収入	2,260(*2)
(借)	定期預金の預入による支出	5,780(*3)	(貸)	現 金 及 び 現 金 同 等 物	5,780

(*2) 預入期間が1年の定期預金期首残高

(*3) 預入期間が1年の定期預金決算整理後残高

(注) 本問では，預入期間が3ヶ月以内の定期預金が現金同等物に該当する。したがって，「現金又は当座預金から預入期間が3ヶ月以内の定期預金への預入」は現金及び現金同等物の相互間取引であり，現金及び現金同等物の増減は生じないため，C/S の記載対象とはならない。

2．商品売買取引等

(借)	現 金 及 び 現 金 同 等 物	2,740,274	(貸)	営 業 収 入	2,740,274(*1)
(借)	商品の仕入れによる支出	1,358,080(*2)	(貸)	現 金 及 び 現 金 同 等 物	1,358,080

(*1)　現金売上1,468,200＋売掛金回収高985,450(*3)＋受取手形回収高197,200(*4)

　　　　　　　　　　　　　　　　　　　　　＋手形割引による手取額89,424(*5)＝2,740,274

(*2)　現金仕入234,000(*6)＋仕入債務支払高1,124,080(*7)＝1,358,080

(*3)～(*7)

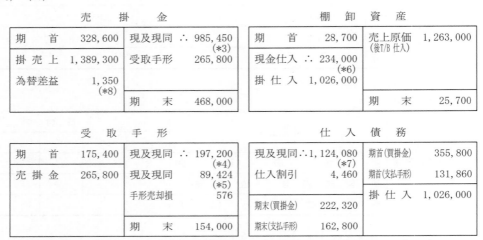

(*8)　外貨建売掛金450千ドル×(決済日為替相場97円／ドル－取引日為替相場94円／ドル)＝1,350

(注)　個別会計上，売掛金の決済に関して，まず売掛金の換算が行われ，その後決済されたと仮定して勘定
　　　分析を行っている。

(借)	売 掛 金	1,350	(貸)	為 替 差 損 益	1,350(*8)
(借)	現 金 預 金	985,450(*3)	(貸)	売 掛 金	985,450

(注)　本問では，買掛金の手形決済高が不明であるため，買掛金と支払手形をまとめて仕入債務として勘定
　　　分析を行っている。

3．有価証券

（借）	現 金 及 び 現 金 同 等 物	130,760	（貸）	有価証券の売却による収入	130,760（＊1）
（借）	有価証券の取得による支出	172,700（＊2）	（貸）	現 金 及 び 現 金 同 等 物	172,700

（＊1）　帳簿価額129,800（＊3）＋後T/B 有価証券売却損益2,160－後T/B 支払手数料1,200＝130,760

（＊2）　後T/B 有価証券175,260－後T/B 有価証券評価損益2,560＝172,700

（＊3）　期首T/B 有価証券

（注）　個別会計上，有価証券の売却，取得及び期末評価に関して，以下の仕訳が行われている。

（借）	現　　金　　預　　金	130,760（＊1）	（貸）	有　　価　　証　　券	129,800（＊3）
	支　払　手　数　料	1,200		有 価 証 券 売 却 損 益	2,160
（借）	有　　価　　証　　券	172,700	（貸）	現　　金　　預　　金	172,700（＊2）
（借）	有　　価　　証　　券	2,560	（貸）	有 価 証 券 評 価 損 益	2,560

4．土　地

（借）	現 金 及 び 現 金 同 等 物	330,000	（貸）	有形固定資産の売却による収入	330,000（＊1）

（＊1）　帳簿価額400,000＋後T/B 土地売却益40,000－後T/B 未収入金110,000＝330,000

（注）　個別会計上，土地の売却に関して，以下の仕訳が行われている。

（借）	現　　金　　預　　金	330,000（＊1）	（貸）	土　　　　　　　地	400,000
	未　　収　　入　　金	110,000		土　地　売　却　益	40,000

5．借入金

(借)	現 金 及 び 現 金 同 等 物	262,400	(貸)	短 期 借 入 れ に よ る 収 入	262,400(*1)
(借)	短期借入金の返済による支出	590,400(*2)	(貸)	現 金 及 び 現 金 同 等 物	590,400
(借)	現 金 及 び 現 金 同 等 物	302,000	(貸)	長 期 借 入 れ に よ る 収 入	302,000(*3)
(借)	長期借入金の返済による支出	260,000(*4)	(貸)	現 金 及 び 現 金 同 等 物	260,000
(借)	利 息 の 支 払 額	48,944(*5)	(貸)	現 金 及 び 現 金 同 等 物	48,944

(*1)　X6.3/1借入分

(*2)　X5.12/1借入分の返済328,000＋X6.3/1借入分の返済262,400(*1)＝590,400

(*3)　X6.11/1借入分

(*4)　X4.4/1借入分の返済

(*5)　X4.4/1借入分260,000×4.0%

$$+X5.12/1借入分328,000×3.0\%×\frac{6ヶ月（X5.12～X6.5）}{12ヶ月}$$

$$+X6.3/1借入分262,400×2.0\%×\frac{6ヶ月（X6.3～X6.8）}{12ヶ月}$$

$$+X3.1/1借入分620,000×5.0\%＝48,944$$

又は，後T/B 支払利息42,740－後T/B 未払費用2,416＋期首T/B 未払費用8,620＝48,944

支 払 利 息

C/S 利息の支払額	期首T/B 未払費用　8,620
∴　48,944 (*5)	後T/B 支払利息 42,740
後T/B 未払費用　2,416	

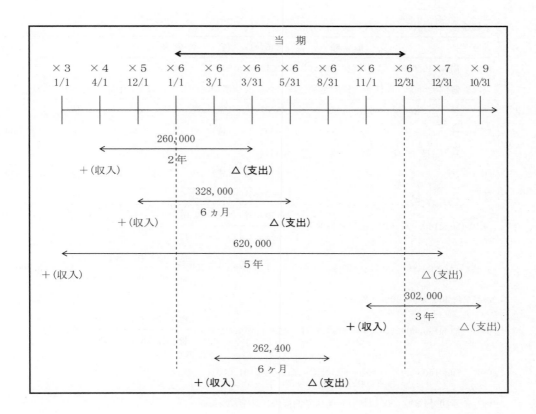

6．転換社債型新株予約権付社債（区分法）

(借)	利 息 の 支 払 額	840(*1)	(貸)	現金及び現金同等物	840

(*1)　額面140,000×（1－権利行使分40%）×1.0%＝840

(注)　個別会計上，新株予約権の権利行使，利払及び償却に関して，以下の仕訳が行われている。

(借)	社 債 利 息	420(*2)	(貸)	社 債	420
(借)	社 債	53,900(*3)	(貸)	資 本 金	57,260
	新 株 予 約 権	3,360(*4)			
(借)	社 債 利 息	840(*1)	(貸)	現 金 預 金	840
(借)	社 債 利 息	1,260(*5)	(貸)	社 債	1,260

(*2)　$（額面140,000－131,600(*6)）×40\%×\dfrac{6ヶ月（X6.1～X6.6）}{48ヶ月（X5.1～X8.12）}＝420$

(*3)　$131,600(*6)×40\%＋（額面140,000－131,600(*6)）×40\%×\dfrac{18ヶ月（X5.1～X6.6）}{48ヶ月（X5.1～X8.12）}＝53,900$

(*4)　8,400(*7)×40%＝3,360

(*5)　$（額面140,000－131,600(*6)）×（1－権利行使分40\%）×\dfrac{12ヶ月（X6.1～X6.12）}{48ヶ月（X5.1～X8.12）}＝1,260$

(*6)　$額面140,000×\dfrac{@94円}{@100円}＝社債の払込金額131,600$

(*7)　@600円×14,000個(*8)＝新株予約権の払込金額8,400

(*8)　@1個×14,000口＝14,000個

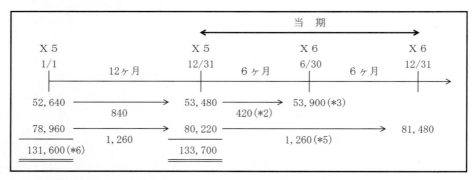

(注)　償却原価法による償却額は，P/L 上「社債利息」として計上されるが，キャッシュ・フローを伴わない点に注意すること。なお，社債利息の支払額は，C/S 上「利息の支払額」に含めて表示する。

(注)　新株予約権付社債について権利行使価額が社債で払い込まれる場合は資金の増加及び減少を伴わないため，キャッシュ・フロー計算書には反映されない。

7．新株の発行

（借）現 金 及 び 現 金 同 等 物	249,960	（貸）株 式 の 発 行 に よ る 収 入	249,960

8．配当金の支払

（借）配 当 金 の 支 払 額	70,080	（貸）現 金 及 び 現 金 同 等 物	70,080

9．その他

(1) 営業費

（借）そ の 他 の 営 業 支 出	444,454	（貸）現 金 及 び 現 金 同 等 物	444,454

(2) 給料

（借）人 件 費 の 支 出	331,540	（貸）現 金 及 び 現 金 同 等 物	331,540

(3) 賞与

（借）人 件 費 の 支 出	138,000(*1)	（貸）現 金 及 び 現 金 同 等 物	138,000

(*1) 期首T/B 賞与引当金44,000＋後T/B 賞与94,000＝138,000

(注) 個別会計上，賞与の支払及び賞与引当金の設定に関して，以下の仕訳が行われている。

（借）賞 与 引 当 金	44,000	（貸）現 金 預 金	138,000(*1)
賞 与	94,000		
（借）賞 与 引 当 金 繰 入 額	52,000	（貸）賞 与 引 当 金	52,000

(4) 役員賞与引当金

（借）人 件 費 の 支 出	58,680(*1)	（貸）現 金 及 び 現 金 同 等 物	58,680

(*1) 期首T/B 役員賞与引当金

(注) 個別会計上，役員賞与の支払及び役員賞与引当金の設定に関して，以下の仕訳が行われている。

（借）役 員 賞 与 引 当 金	58,680	（貸）現 金 預 金	58,680(*1)
（借）役 員 賞 与 引 当 金 繰 入 額	57,760	（貸）役 員 賞 与 引 当 金	57,760

(5) 法人税等

（借）法 人 税 等 の 支 払 額	229,846(*1)	（貸）現 金 及 び 現 金 同 等 物	229,846

(*1) 期首T/B 未払法人税等96,480＋133,366(*2)＝229,846

(*2) 後T/B 法人税，住民税及び事業税251,166－後T/B 未払法人税等117,800＝133,366

(注) 個別会計上，法人税等の支払及び法人税等の計上に関して，以下の仕訳が行われている。

（借）未 払 法 人 税 等	96,480	（貸）現 金 預 金	96,480
（借）仮 払 法 人 税 等	133,366(*2)	（貸）現 金 預 金	133,366
（借）法人税，住民税及び事業税	251,166	（貸）仮 払 法 人 税 等	133,366(*2)
		未 払 法 人 税 等	117,800

10. 直接法によるキャッシュ・フロー計算書

キャッシュ・フロー計算書

自×6年1月1日　至×6年12月31日

Ⅰ　営業活動によるキャッシュ・フロー

営　業　収　入	2,740,274	(*1)
商品の仕入れによる支出	△1,358,080	(*2)
人　件　費　の　支　出	△　528,220	(*3)
そ の 他 の 営 業 支 出	△　444,454	
小　　計 ①	409,520	
利　息　の　支　払　額 ②△	49,784	(*4)
法 人 税 等 の 支 払 額	△　229,846	(*5)
営業活動によるキャッシュ・フロー	129,890	

Ⅱ　投資活動によるキャッシュ・フロー

定期預金の預入による支出	△　5,780	(*6)
定期預金の払戻による収入	2,260	(*7)
有価証券の取得による支出	△　172,700	(*8)
有価証券の売却による収入	130,760	(*9)
有形固定資産の売却による収入	330,000	(*10)
投資活動によるキャッシュ・フロー ③	284,540	

Ⅲ　財務活動によるキャッシュ・フロー

短 期 借 入 れ に よ る 収 入	262,400	(*11)
短期借入金の返済による支出 ④△	590,400	(*12)
長 期 借 入 れ に よ る 収 入	302,000	(*13)
長期借入金の返済による支出	△　260,000	(*14)
株 式 の 発 行 に よ る 収 入	249,960	
配　当　金　の　支　払　額	△　70,080	
財務活動によるキャッシュ・フロー ⑤△	106,120	

Ⅳ	現金及び現金同等物に係る換算差額 ⑥	450	(*15)
Ⅴ	現金及び現金同等物の増減額 ⑦	308,760	
Ⅵ	現金及び現金同等物の期首残高	46,520	(*16)
Ⅶ	現金及び現金同等物の期末残高	355,280	(*17)

(*1) 現金売上1,468,200＋売掛金回収高985,450＋受取手形回収高197,200

＋手形割引による手取額89,424＝2,740,274

(*2) 現金仕入234,000＋仕入債務支払高1,124,080＝1,358,080

(*3) 後T/B 給料331,540＋期首T/B 賞与引当金44,000＋後T/B 賞与94,000

＋期首T/B 役員賞与引当金58,680＝528,220

(*4) X4.4/1借入分260,000×4.0%

$$＋X5.12/1借入分328,000×3.0\%×\frac{6ヶ月（X5.12〜X6.5）}{12ヶ月}$$

$$＋X6.3/1借入分262,400×2.0\%×\frac{6ヶ月（X6.3〜X6.8）}{12ヶ月}$$

$$＋X3.1/1借入分620,000×5.0\%$$

＋社債額面140,000×（1－権利行使分40%）×1.0%＝49,784

又は，後T/B（支払利息42,740＋社債利息2,520）－償却原価法による償却額（420＋1,260）

－後T/B 未払費用2,416＋期首T/B 未払費用8,620＝49,784

(*5) 期首T/B 未払法人税等96,480＋後T/B 法人税，住民税及び事業税251,166

－後T/B 未払法人税等117,800＝229,846

(*6) 預入期間が1年の定期預金決算整理後残高

(*7) 預入期間が1年の定期預金期首残高

(*8) 後T/B 有価証券175,260－後T/B 有価証券評価損益2,560＝172,700

(*9) 期首T/B 有価証券129,800＋後T/B 有価証券売却損益2,160－後T/B 支払手数料1,200＝130,760

(*10) 帳簿価額400,000＋後T/B 土地売却益40,000－後T/B 未収入金110,000＝330,000

(*11) X6.3/1借入分

(*12) X5.12/1借入分の返済328,000＋X6.3/1借入分の返済262,400＝590,400

(*13) X6.11/1借入分

(*14) X4.4/1借入分の返済

(*15) ドル紙幣450千ドル×（当期ＣＲ98円／ドル－取得日為替相場97円／ドル）＝450

(*16) 期首T/B 現金預金48,780－預入期間が1年の定期預金期首残高2,260＝46,520

(*17) 後T/B 現金預金361,060－預入期間が1年の定期預金決算整理後残高5,780＝355,280

【MEMO】

公認会計士　新トレーニング シリーズ

財務会計論 計算編4　構造論点・CF編　第6版

2010年6月1日　初　版　第1刷発行
2021年3月20日　第6版　第1刷発行
2022年11月30日　　　　　第2刷発行

編 著 者	Ｔ Ａ Ｃ 株 式 会 社	
	（公認会計士講座）	
発 行 者	多　田　敏　男	
発 行 所	Ｔ Ａ Ｃ 株式会社　出版事業部	
	（Ｔ Ａ Ｃ 出版）	

〒101-8383 東京都千代田区神田三崎町3-2-18
電話　03(5276)9492(営業)
FAX　03(5276)9674
https://shuppan.tac-school.co.jp

印　　　刷	株式会社　ワコープラネット	
製　　　本	株式会社 常 川 製 本	

Ⓒ TAC 2021　　　Printed in Japan

ISBN 978-4-8132-9642-3
N.D.C. 336

TAC出版 書籍のご案内

TAC出版では、資格の学校TAC各講座の定評ある執筆陣による資格試験の参考書をはじめ、資格取得者の開業法や仕事術、実務書、ビジネス書、一般書などを発行しています!

TAC出版の書籍

*一部書籍は、早稲田経営出版のブランドにて刊行しております。

資格・検定試験の受験対策書籍

- ✪日商簿記検定
- ✪建設業経理士
- ✪全経簿記上級
- ✪税 理 士
- ✪公認会計士
- ✪社会保険労務士
- ✪中小企業診断士
- ✪証券アナリスト

- ✪ファイナンシャルプランナー(FP)
- ✪証券外務員
- ✪貸金業務取扱主任者
- ✪不動産鑑定士
- ✪宅地建物取引士
- ✪賃貸不動産経営管理士
- ✪マンション管理士
- ✪管理業務主任者

- ✪司法書士
- ✪行政書士
- ✪司法試験
- ✪弁理士
- ✪公務員試験(大卒程度・高卒者)
- ✪情報処理試験
- ✪介護福祉士
- ✪ケアマネジャー
- ✪社会福祉士　ほか

実務書・ビジネス書

- ✪会計実務、税法、税務、経理
- ✪総務、労務、人事
- ✪ビジネススキル、マナー、就職、自己啓発
- ✪資格取得者の開業法、仕事術、営業術
- ✪翻訳ビジネス書

一般書・エンタメ書

- ✪ファッション
- ✪エッセイ、レシピ
- ✪スポーツ
- ✪旅行ガイド (おとな旅プレミアム/ハルカナ)
- ✪翻訳小説

書籍のご購入は

1 全国の書店、大学生協、ネット書店で

2 TAC各校の書籍コーナーで

資格の学校TACの校舎は全国に展開！
校舎のご確認はホームページにて ▶

資格の学校TAC ホームページ
https://www.tac-school.co.jp

3 TAC出版書籍販売サイトで

CYBER TAC出版書籍販売サイト
BOOK STORE

24時間
ご注文
受付中

TAC 出版　で　検索　

https://bookstore.tac-school.co.jp/

新刊情報を
いち早くチェック！

たっぷり読める
立ち読み機能

学習お役立ちの
特設ページも充実！

TAC出版書籍販売サイト「サイバーブックストア」では、TAC出版および早稲田経営出版から刊行されている、すべての最新書籍をお取り扱いしています。

また、無料の会員登録をしていただくことで、会員様限定キャンペーンのほか、送料無料サービス、メールマガジン配信サービス、マイページのご利用など、うれしい特典がたくさん受けられます。

サイバーブックストア会員は、特典がいっぱい！（一部抜粋）

通常、1万円（税込）未満のご注文につきましては、送料・手数料として500円（全国一律・税込）頂戴しておりますが、1冊から無料となります。

専用の「マイページ」は、「購入履歴・配送状況の確認」のほか、「ほしいものリスト」や「マイフォルダ」など、便利な機能が満載です。

メールマガジンでは、キャンペーンやおすすめ書籍、新刊情報のほか、「電子ブック版TACNEWS（ダイジェスト版）」をお届けします。

書籍の発売を、販売開始当日にメールにてお知らせします。これなら買い忘れの心配もありません。

公認会計士試験対策書籍のご案内

TAC出版では、独学用およびスクール学習の副教材として、各種対策書籍を取り揃えています。
学習の各段階に対応していますので、あなたのステップに応じて、合格に向けてご活用ください!

短答式試験対策

・財務会計論【計算問題編】
・財務会計論【理論問題編】
・管理会計論
・監査論
・企業法

**『ベーシック問題集』
シリーズ A5判**

● 短答式試験対策を本格的に
始めた方向け、苦手論点の
克服、直前期の再確認に最適!

・財務会計論【計算問題編】
・財務会計論【理論問題編】
・監査論
・企業法

**『アドバンスト問題集』
シリーズ A5判**

● 『ベーシック問題集』の上級編。
より本試験レベルに対応して
います

論文式試験対策

**『財務会計論会計基準
早まくり条文別問題集』**
B6変型判

● ○×式の一問一答で会計基準を
早まくり
◎ 論文式試験対策にも使えます

・財務会計論【計算編】
・管理会計論

**『新トレーニング』
シリーズ B5判**

● 基本的な出題パターンを
網羅。効率的な解法による
総合問題の解き方を
身に付けられます!
◎ 各巻数は、TAC公認会計士
講座のカリキュラムにより
変動します
◎ 管理会計論は、短答式試験
対策にも使えます

過去問題集

**『短答式試験 過去問題集』
『論文式試験必修科目 過去問題集』
『論文式試験選択科目 過去問題集』**
A5判

● 直近3回分の問題を、ほぼ本試験形式で再現。
TAC講師陣による的確な解説付き

公認会計士試験の中で毛色の異なる法律科目に対して苦手意識のある方向け。
弱点強化、効率学習のためのラインナップです

入 門

『はじめての会社法』

A5判　田﨑 晴久 著

● 法律の知識ゼロの人でも、
　これ1冊で会社法の基礎が
　わかる!

短答式試験対策

『企業法早まくり肢別問題集』

B6変型判　田﨑 晴久 著

● 本試験問題を肢別に分解、整理。
　簡潔な一問一答式で合格に必要な知識を網羅!

書籍の正誤に関するご確認とお問合せについて

書籍の記載内容に誤りではないかと思われる箇所がございましたら、以下の手順にてご確認とお問合せを
してくださいますよう、お願い申し上げます。
なお、正誤のお問合せ以外の**書籍内容に関する解説および受験指導などは、一切行っておりません。**
そのようなお問合せにつきましては、お答えいたしかねますので、あらかじめご了承ください。

1 「Cyber Book Store」にて正誤表を確認する

TAC出版書籍販売サイト「Cyber Book Store」の
トップページ内「正誤表」コーナーにて、正誤表をご確認ください。

CYBER TAC出版書籍販売サイト
BOOK STORE

URL：https://bookstore.tac-school.co.jp/

2 1の正誤表がない、あるいは正誤表に該当箇所の記載がない
⇒ 下記①、②のどちらかの方法で文書にて問合せをする

★ご注意ください★

お電話でのお問合せは、お受けいたしません。
①、②のどちらの方法でも、お問合せの際には、「お名前」とともに、
「対象の書籍名（○級・第○回対策も含む）およびその版数（第○版・○○年度版など）」
「お問合せ該当箇所の頁数と行数」
「誤りと思われる記載」
「正しいとお考えになる記載とその根拠」
を明記してください。
なお、回答までに1週間前後を要する場合もございます。あらかじめご了承ください。

① ウェブページ「Cyber Book Store」内の「お問合せフォーム」より問合せをする

【お問合せフォームアドレス】

https://bookstore.tac-school.co.jp/inquiry/

② メールにより問合せをする

【メール宛先　TAC出版】

syuppan-h@tac-school.co.jp

※土日祝日はお問合せ対応をおこなっておりません。
※正誤のお問合せ対応は、該当書籍の改訂版刊行月末日までといたします。

乱丁・落丁による交換は、該当書籍の改訂版刊行月末日までといたします。なお、書籍の在庫状況等
により、お受けできない場合もございます。
また、各種本試験の実施の延期、中止を理由とした本書の返品はお受けいたしません。返金もいたし
かねますので、あらかじめご了承くださいますようお願い申し上げます。

答 案 用 紙

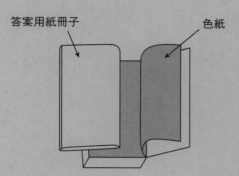

答案用紙冊子　　　　　　　　　色紙

①答案用紙冊子を抜き取る

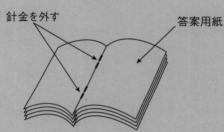

針金を外す　　　　　　　　　答案用紙

②抜き取った答案用紙冊子を
開き, 針金を外す

〈答案用紙ご利用時の注意〉

　　以下の「答案用紙」は, この色紙を残したま
まていねいに抜き取り, 綴込の針金をはずし
てご利用ください。なお, 針金をはずす際は素
手ではなく, ドライバー等の器具を必ずご使用
ください。

　　また, 抜取りの際の損傷についてのお取替
えはご遠慮願います。

＊ご自分の学習進度に合わせて, コピーしてお使いください。
なお, 答案用紙は, ダウンロードサービスもご利用いただけます。
TAC出版書籍販売サイト・サイバーブックストアにアクセスしてく
ださい。
https://bookstore.tac-school.co.jp/

TAC出版
TAC PUBLISHING Group

新トレーニングシリーズ
財務会計論 計算編4《構造論点・CF編》

別冊 答案用紙

目 次

問1

（単位：千円）

損　益（本　店）

日　付	摘　要	借　方	日　付	摘　要	貸　方

損　益（支　店）

日　付	摘　要	借　方	日　付	摘　要	貸　方

問3 （単位：千円）

損 益 計 算 書
自×10年4月1日 至×11年3月31日

期 首 商 品 棚 卸 高	（ ）	売 上 高	（ ）	
当 期 商 品 仕 入 高	（ ）	期 末 商 品 棚 卸 高	（ ）	
棚 卸 減 耗 費	（ ）	受 取 利 息	（ ）	
営 業 費	（ ）			
貸 倒 引 当 金 繰 入 額	（ ）			
建 物 減 価 償 却 費	（ ）			
備 品 減 価 償 却 費	（ ）			
法人税, 住民税及び事業税	（ ）			
当 期 純 利 益	（ ）			
	（ ）		（ ）	

貸 借 対 照 表
×11年3月31日

問題2 本支店会計②

得点 ／ 点

問1

①	②	③	④

問2

（単位：千円）

損 益 計 算 書

自×10年4月1日 至×11年3月31日

I 売 上 高 （　　　　　）

II 売 上 原 価

1 期首商品棚卸高 （　　　　　）

2 当期商品仕入高 （　　　　　）

合 計 （　　　　　）

3 期末商品棚卸高 （　　　　　） （　　　　　）

売 上 総 利 益 （　　　　　）

III 販売費及び一般管理費

1 営 業 費 （　　　　　）

2 貸倒引当金繰入額 （　　　　　）

3 建物減価償却費 （　　　　　）

貸借対照表

×11年3月31日

資産		負債・純資産	
現金及び預金	( )	支払手形	( )
受取手形	( )	買掛金	( )
貸倒引当金	( )	未払費用	( )
売掛金	( )	未払法人税等	( )
貸倒引当金	( )	長期借入金	( )
商品	( )	資本金	( )
建物	( )	利益準備金	( )
減価償却累計額	( )	繰越利益剰余金	( )
備品	( )		
減価償却累計額	( )		
土地	( )		
資産合計	( )	負債純資産合計	( )

問題 3 本支店会計 ③

得点

問 1

支店損益計算書

自×10年4月1日 至×11年3月31日

（単位：千円）

期首商品棚卸高	（ ）	売 上 高	（ ）
当期商品仕入高	（ ）	期末商品棚卸高	（ ）
本 店 仕 入	（ ）	受 取 利 息	（ ）
営 業 費	（ ）		（ ）
貸倒引当金繰入額	（ ）		
建 物 減 価 償 却 費	（ ）		
備 品 減 価 償 却 費	（ ）		
支 払 利 息	（ ）		
当 期 純 利 益	（ ）		
	（ ）		（ ）

支店貸借対照表

×11年3月31日

（単位：千円）

問2

本支店合併損益計算書

自×10年4月1日 至×11年3月31日　　　　　　（単位：千円）

借方	金額	貸方	金額
期首商品棚卸高	（　　）	売上高	（　　）
当期商品仕入高	（　　）	期末商品棚卸高	（　　）
営業費	（　　）	受取利息	（　　）
貸倒引当金繰入額	（　　）	（　　）	（　　）
建物減価償却費	（　　）		
備品減価償却費	（　　）		
支払利息	（　　）		
当期純利益	（　　）		
	（　　）		（　　）

製造原価報告書

自×10年4月1日　至×11年3月31日　（単位：千円）

I　材料費
1　期首材料棚卸高（　　）
2　当期材料仕入高（　　）
　　合　計（　　）
3　期末材料棚卸高（　　）（　　）

II　労務費
1　賃　金　給　料（　　）（　　）

III　経費
1　製　造　経　費（　　）
2　建物減価償却費（　　）
3　備品減価償却費（　　）
4　材料棚卸減耗費（　　）（　　）

損益計算書

自×10年4月1日　至×11年3月31日　（単位：千円）

I　売　上　高（　　）

II　売上原価
1　期首製品棚卸高（　　）
2　当期製品製造原価（　　）
　　合　計（　　）
3　期末製品棚卸高（　　）（　　）
　　売上総利益（　　）

III　販売費及び一般管理費
1　営　業　給　料（　　）
2　賃　金　給　料（　　）
3　貸倒引当金繰入額（　　）
4　建物減価償却費（　　）
5　備品減価償却費（　　）（　　）
　　営業利益（　　）

問題5　建設業

問

問1　（単位：千円）

完成工事原価報告書
自×11年1月1日　至×11年12月31日

I　（　　　　　）
II　（　　　　　）
III　（　　　　　）
IV　（　　　　　）　（　　　　　）

損益計算書
自×11年1月1日　至×11年12月31日

I　（　　　　　）
II　（　　　　　）　（　　　　　）

III　販売費及び一般管理費
1　営　業　費　（　　　　　）

貸 借 対 照 表

×11年12月31日

現 金 及 び 預 金 （　　　）	工 事 未 払 金 （　　　）
完成工事未収入金 （　　　）	短 期 借 入 金 （　　　）
貸 倒 引 当 金 （　　　）	未 払 費 用 （　　　）
材　　　料 （　　　）	未 払 法 人 税 等 （　　　）
前 払 費 用 （　　　）	資 本 金 （　　　）
建　　　物 （　　　）	資 本 準 備 金 （　　　）
減価償却累計額 （　　　）	利 益 準 備 金 （　　　）
機 械 装 置 （　　　）	繰 越 利 益 剰 余 金 （　　　）
減価償却累計額 （　　　）	
備　　　品 （　　　）	
減価償却累計額 （　　　）	
土　　　地 （　　　）	
（　　　）	（　　　）

問　題**6**　本社工場会計

	得　点	点

問1

①	②

問2

（単位：千円）

製 造 原 価 報 告 書

自×4年4月1日 至×5年3月31日

I　材　料　費
　　1　期首材料棚卸高　　　　　　（　　　　）
　　2　当期材料仕入高　　　　　　（　　　　）
　　　　　合　　計　　　　　　　　（　　　　）
　　3　期末材料棚卸高　　　　　　（　　　　）
　　　　当　期　材　料　費　　　　　　　　　　（　　　　）

II　労　務　費
　　1　賃　金　給　料　　　　　　（　　　　）
　　　　当　期　労　務　費　　　　　　　　　　（　　　　）

III　経　　費
　　1　製　造　経　費　　　　　　（　　　　）

損 益 計 算 書

自×4年4月1日 至×5年3月31日

I 売　上　高　　　　　　　　　　　　　（　　　　　）

II 売　上　原　価

　1 期首製品棚卸高　　　（　　　　　）

　2 当期製品製造原価　　（　　　　　）

　　　　合　計　　　　　（　　　　　）

　3 期末製品棚卸高　　　（　　　　　）　（　　　　　）

　　　　売　上　総　利　益　　　　　　（　　　　　）

III 販売費及び一般管理費

　1 営　　業　　費　　　（　　　　　）

　2 賃　　金　　給　　料（　　　　　）

　3 減　価　償　却　費　（　　　　　）　（　　　　　）

　　　　営　　業　　利　　益　　　　　（　　　　　）

問題 **7**　帳簿組織

問1　(単位：千円)

普 通 仕 訳 帳

日付	摘 要	元丁	借 方	貸 方
┊	┊	┊	┊	┊
┊	┊	┊	┊	┊
┊	┊	┊	┊	┊
┊	┊	┊	┊	┊
┊	┊	┊	┊	┊
┊	┊	┊	┊	┊

問2　(単位：千円)

受 取 手 形

問4

決算整理前合計試算表

×11年3月31日 （単位：千円）

借方		元丁	勘定科目	貸方	
合計転記	個別転記			個別転記	合計転記
		1	小 口 現 金		
		2	当 座 預 金		
		3	受 取 手 形		
		4	売 掛 金		
		5	有 価 証 券		
		6	繰 越 商 品		
		7	前 払 営 業 費		
		11	備 品		
		12	土 地		
		21	支 払 手 形		
		22	買 掛 金		
		23	未 払 配 当 金		

問題⑧ キャッシュ・フロー計算書①

問1 （単位：千円）

キャッシュ・フロー計算書

自×10年4月1日 至×11年3月31日

I 営業活動によるキャッシュ・フロー

営 業 収 入	（　）
商品の仕入れによる支出	（　）
人 件 費 の 支 出	（　）
そ の 他 の 営 業 支 出	（　）
小　　　　計	（　）
利息及び配当金の受取額	（　）
利 息 の 支 払 額	（　）
災害による保険金収入	（　）
法 人 税 等 の 支 払 額	（　）
営業活動によるキャッシュ・フロー	（　）

III 財務活動によるキャッシュ・フロー

短 期 借 入 れ に よ る 収 入	（　）
短期借入金の返済による支出	（　）
長 期 借 入 れ に よ る 収 入	（　）
長期借入金の返済による支出	（　）
社 債 の 発 行 に よ る 収 入	（　）
社 債 の 償 還 に よ る 支 出	（　）
株 式 の 発 行 に よ る 収 入	（　）
配 当 金 の 支 払 額	（　）
財務活動によるキャッシュ・フロー	（　）

IV 現金及び現金同等物の増加額 （　）

問 2

（単位：千円）

キャッシュ・フロー計算書

自×10年4月1日　至×11年3月31日

I　営業活動によるキャッシュ・フロー

（　　　　　　　　　　）　　　　　　（　　　　　　　　　）

（　　　　　　　　　　）　　　　　　（　　　　　　　　　）

貸倒引当金の減少額　　　　　　　　　（　　　　　　　　　）

賞与引当金の増加額　　　　　　　　　（　　　　　　　　　）

受取利息及び受取配当金　　　　　　　（　　　　　　　　　）

支　払　利　息　　　　　　　　　　　（　　　　　　　　　）

（　　　　　　　　　　）　　　　　　（　　　　　　　　　）

有価証券売却益　　　　　　　　　　　（　　　　　　　　　）

有形固定資産売却益　　　　　　　　　（　　　　　　　　　）

火　災　損　失　　　　　　　　　　　（　　　　　　　　　）

売上債権の減少額　　　　　　　　　　（　　　　　　　　　）

問題 ❾ キャッシュ・フロー計算書②

問　

得点　点

問 1　（単位：千円）

キャッシュ・フロー計算書

自×5年4月1日　至×6年3月31日

I 営業活動によるキャッシュ・フロー

営　業　収　入	（　　　　　）	
商品の仕入れによる支出	（　　　　　）	
人　件　費　の　支　出	（　　　　　）	
その他の営業支出	（　　　　　）	
小　　　　計	（　　　　　）	
利息及び配当金の受取額	（　　　　　）	
利　息　の　支　払　額	（　　　　　）	
災害による保険金収入	（　　　　　）	
法人税等の支払額	（　　　　　）	
営業活動によるキャッシュ・フロー	（　　　　　）	

III 財務活動によるキャッシュ・フロー

短期借入れによる収入	（　　　　　）	
短期借入金の返済による支出	（　　　　　）	
長期借入れによる収入	（　　　　　）	
長期借入金の返済による支出	（　　　　　）	
社債の発行による収入	（　　　　　）	
社債の償還による支出	（　　　　　）	
株式の発行による収入	（　　　　　）	
（　　　　　　　　）	（　　　　　）	
配　当　金　の　支　払　額	（　　　　　）	
財務活動によるキャッシュ・フロー	（　　　　　）	

問 2

（単位：千円）

キャッシュ・フロー計算書

自×5年4月1日 至×6年3月31日

I 営業活動によるキャッシュ・フロー

（　　　　）	（　　　　）
（　　　　）	（　　　　）
貸 倒 引 当 金 の 増 加 額	（　　　　）
役員賞与引当金の減少額	（　　　　）
受取利息及び受取配当金	（　　　　）
支 払 利 息	（　　　　）
有 価 証 券 評 価 益	（　　　　）
有 価 証 券 売 却 益	（　　　　）
有 価 証 券 評 価 損	（　　　　）
（　　　　）	（　　　　）
投資有価証券売却損	（　　　　）
有形固定資産売却益	（　　　　）

問題⑩ キャッシュ・フロー計算書③

得点　点

	(1)		(2)		(3)		(4)	
(5)		(6)		(7)		(8)	
(9)		(10)		(11)		(12)	
(13)		(14)		(15)		(16)	
(17)		(18)		(19)		(20)	
(21)		(22)		(23)		(24)	
(25)		(26)		(27)		(28)	
(29)		(30)		(31)		(32)	

問1 （単位：千円）

科　目	金　額	科　目	金　額
営　業　収　入		商品の仕入れによる支出	

問2 （単位：千円）

キャッシュ・フロー計算書
自×10年4月1日　至×11年3月31日

I　営業活動によるキャッシュ・フロー

税 引 前 当 期 純 利 益 （　　　　　）

減 価 償 却 費 （　　　　　）

貸 倒 引 当 金 の 増 加 額 （　　　　　）

賞 与 引 当 金 の 増 加 額 （　　　　　）

受取利息及び受取配当金 （　　　　　）

支 払 利 息 （　　　　　）

有 価 証 券 売 却 益 （　　　　　）

II　投資活動によるキャッシュ・フロー

定期預金の預入による支出 （　　　　　）

定期預金の払戻による収入 （　　　　　）

有価証券の取得による支出 （　　　　　）

有価証券の売却による収入 （　　　　　）

有形固定資産の取得による支出 （　　　　　）

有形固定資産の売却による収入 （　　　　　）

事 業 譲 受 に 伴 う 支 出 （　　　　　）

問　問題⑫　短答形式総合問題（キャッシュ・フロー計算書）

得点　点

①	②	③	④
⑤	⑥	⑦	

投資活動によるキャッシュ・フロー

有形固定資産売却益 （　　　）
社債償還益 （　　　）
売上債権の増加額 （　　　）
棚卸資産の減少額 （　　　）
仕入債務の増加額 （　　　）
未払金の増加額 （　　　）
未払費用の増加額 （　　　）
前受金の増加額 （　　　）
前受収益の増加額 （　　　）
小計 （　　　）
利息及び配当金の受取額 （　　　）
利息の支払額 （　　　）
法人税等の支払額 （　　　）
営業活動によるキャッシュ・フロー （　　　）

III 財務活動によるキャッシュ・フロー
短期借入れによる収入 （　　　）
短期借入金の返済による支出 （　　　）
長期借入金の返済による支出 （　　　）
社債の償還による支出 （　　　）
配当金の支払額 （　　　）
財務活動によるキャッシュ・フロー （　　　）

IV 現金及び現金同等物に係る換算差額 （　　　）
V 現金及び現金同等物の減少額 （　　　）
VI 現金及び現金同等物の期首残高 （　　　）
VII 現金及び現金同等物の期末残高 （　　　）

棚卸資産の増加額 （　　　）

前払費用の増加額 （　　　）

仕入債務の減少額 （　　　）

未払費用の増加額 （　　　）

前受金の増加額 （　　　）

小　計 （　　　）

定期預金の払戻による収入 （　）

有価証券の取得による支出 （　）

有価証券の売却による収入 （　）

有形固定資産の取得による支出 （　）

有形固定資産の売却による収入 （　）

投資有価証券の取得による支出 （　）

投資有価証券の売却による収入 （　）

（　　　　　　　） （　）

貸 付 け に よ る 支 出 （　）

貸付金の回収による収入 （　）

投資活動によるキャッシュ・フロー （　）

VI 現金及び現金同等物の期首残高 （　）

VII 現金及び現金同等物の期末残高 （　）

仕入債務の増加額 （　　　　　）

未払費用の増加額 （　　　　　）

小　　計 （　　　　　）

定期預金の払戻による収入　（　　）

有価証券の取得による支出　（　　）

有価証券の売却による収入　（　　）

有形固定資産の取得による支出　（　　）

有形固定資産の売却による収入　（　　）

貸 付 け に よ る 支 出　（　　）

貸付金の回収による収入　（　　）

投資活動によるキャッシュ・フロー　（　　）

番号	科目
26	長期借入金
27	備品減価償却累計額
41	資本金
42	利益準備金
44	繰越利益剰余金
51	売上
61	仕入
62	営業費
63	貸倒損失
64	支払利息
65	有価証券売却損益
71	開始残高
	小計
	合計

問3

二 重 仕 訳 控 除 金 額	普通仕訳帳の合計金額	
千円	千円	千円

経　費

当期総製造費用

期首仕掛品棚卸高

合　計

期末仕掛品棚卸高

当期製品製造原価

完成工事未収入金	千円

問3

工事損失引当金	千円

4　建物減価償却費　（　　　）

5　備品減価償却費　（　　　）

　　営業利益　　　　　　（　　　）

IV　営業外収益

1　受取利息　　　（　　　）

V　営業外費用

1　支払利息　　　（　　　）

　　経常利益　　　　　　（　　　）

VI　特別損失

1　（　　　　　）（　　　）

　税引前当期純利益　　　（　　　）

　法人税、住民税及び事業税（　　　）

　　当期純利益　　　　　（　　　）

当期純利益 （　　　　　）

期首仕掛品棚卸高 （　　　　　）

合　計 （　　　　　）

期末仕掛品棚卸高 （　　　　　）

当期製品製造原価 （　　　　　）

貸倒引当金 （　　）

商　　品 （　　）

建　　物 （　　）

減価償却累計額 （　　）

備　　品 （　　）

減価償却累計額 （　　）

（　　　　　）（　　）

当期純利益 （　　）

Ⅳ　営業外費用

1　支払利息　（　　　）

経　常　利　益　（　　　）

税引前当期純利益　（　　　）

法人税、住民税及び事業税　（　　　）

当　期　純　利　益　（　　　）

貸　倒　引　当　金 （　　　）

商　　　　　　　品 （　　　）

建　　　　　　　物 （　　　）

減 価 償 却 累 計 額 （　　　）

備　　　　　　　品 （　　　）

減 価 償 却 累 計 額 （　　　）

土　　　　　　　地 （　　　）

未　払　法　人　税　等 （　　　）

資　　本　　金 （　　　）

利　益　準　備　金 （　　　）

繰　越　利　益　剰　余　金 （　　　）

（　　　）

問4		
①	決算整理前残高試算表における本店勘定の金額	千円
②	決算整理前残高試算表における繰延内部利益勘定の金額	千円
③	決算整理後残高試算表における本店勘定の金額	千円
④	決算整理後残高試算表における繰延内部利益勘定の金額	千円
⑤	帳簿上，次期に繰り越される繰延内部利益勘定の金額	千円

問2

（単位：千円）

総合損益

日付	摘要	借方	日付	摘要	貸方